Marta Camarillas 2002

AUXILIAR SANITARIO DE LA XUNTA DE GALICIA

TEST DEL TEMARIO ESPECÍFICO

(Sevilla, septiembre 2001)

AUXILIAR SANITARIO DE LA XUNTA DE GALICIA

TEST DEL TEMARIO ESPECÍFICO

Editorial MAD

AUTORES

CARMEN ROSA JUNQUERA VELASCO
Diplomada Universitaria en Enfermería

ROCÍO CLAVIJO GAMERO
Licenciada en Psicología

JOSÉ MANUEL PÉREZ SANTANA
Diplomado Universitario en Enfermería

DOLORES PIÑA RUIZ
Diplomada Universitaria en Enfermería

SALVADOR SOBRÁ CALDERÓN
Diplomado Universitario en Enfermería

DOMINGO MUÑOZ ARTEAGA
Diplomado Universitario en Enfermería
Recuperación de Urgencias

LUIS SILVA GARCÍA
Diplomado Universitario en Enfermería
Recuperación de Urgencias

JOSÉ MANUEL ANIA PALACIO
Licenciado en Medicina
Profesor de Enseñanza Secundaria
Rama Sanitaria

Mª JOSÉ GARCÍA BERMEJO
Licenciada en Biología
Técnico Especialista en Laboratorio
Colaboradora de Investigación Universitaria
en el Área de Microbiología
Profesora de TEL

ODETTE OCHOA GUERRA
Licenciada en Psicología

Primera edición, septiembre 2001.
Depósito Legal: SE-2284-2001 (212 páginas).

IMPRESO EN ESPAÑA.
Diseño Portada: EDITORIAL MAD, S.L.
Edita: EDITORIAL MAD, S.L.
Plg. Merka, c/B. Naves 1 y 3. 41500 ALCALÁ DE GUADAIRA (Sevilla). Telf.: (95) 563 08 20.
ISBN: 84-665-0621-7.

ÍNDICE

TEST Nº 1

FUNDAMENTOS DE ENFERMERÍA

1. ¿Cuál de las siguientes autoras pertenece al modelo de relaciones interpersonales?

a) Nancy Roper.
b) Callista Roy.
c) Orlando.
d) Virginia Henderson.
e) Dorotea Orem.

2. ¿A qué modelo de Enfermería pertenece Hildegarde Peplau?

a) Modelos de Sistemas.
b) Modelos de autocuidados.
c) Modelos interaccionistas.
d) Modelos naturistas.
e) Modelos de necesidades personales.

3. ¿Cuál de las siguientes no es una fase de la relación enfermera-paciente descrita por Hildegarde Peplau?

a) Organización.
b) Explotación.
c) Resolución.

d) Identificación.
e) Orientación.

4. La fase de relación enfermera-paciente en la cual el paciente intenta aprovechar al máximo todo lo que se le brinda a través de su relación con la enfermera se denomina fase de:

a) Localización.
b) Resolución.
c) Orientación.
d) Identificación.
e) Explotación.

5. La teoría que describe y explica las relaciones que es necesario establecer para que se dé la Enfermería, se denomina:

a) Teoría de los sistemas de Enfermería.
b) Teoría del déficit del autocuidado.
c) Teoría del autocuidado.
d) Teoría de los sistemas de cuidados.
e) Ninguna es correcta.

6. Según Dorotea Orem la función de Enfermería es:

a) Apreciar las necesidades básicas humanas.
b) Facilitar atención para influir de alguna forma sobre el paciente con el fin de que éste evolucione y llegue a conseguir un óptimo nivel de autocuidado.
c) Diagnosticar y tratar si la situación lo exige.
d) Ayudar a las personas sanas y enfermas.
e) Todas son correctas.

7. ¿Cuál de las siguientes son necesidades básicas del paciente según Virginia Henderson?

a) Realizar prácticas religiosas según la fe de cada uno.
b) Evitar los riesgos del entorno y evitar lesionar a otros.
c) Moverse y mantener la posición deseada.
d) Descansar y dormir.
e) Todas son correctas.

8. Según Dorotea Orem, el Sistema en el que enfermera y paciente realizan medidas de asistencia y otras actividades manipulativas o de deambulación se denomina:

a) Sistema de Enfermería educativo.
b) Sistema de Enfermería parcialmente compensador.

c) Sistema de Enfermería totalmente compensador.
d) Sistema de apoyo.
e) Sistema de apoyo educativo.

9. Según el Modelo de Hildegarde Peplau el papel que hace el enfermo a través de una relación de cooperación y de participación activa es de:

a) Asesoramiento.
b) Docente.
c) Conductor.
d) Extraño.
e) Sustituto.

10. La relación interpersonal enfermera-paciente puede llevarse a cabo en:

a) La escuela.
b) El hospital.
c) La comunidad.
d) Ninguna es correcta.
e) Todas son correctas.

11. ¿Cuál de los siguientes no es un método de ayuda según Dorotea Orem?

a) Ordenar.
b) Guiar.
c) Enseñar.
d) Apoyar.
e) Actuar.

12. ¿Cuál de las siguientes autoras considera la Enfermería como un proceso interpersonal y terapéutico?

a) Dorotea Orem.
b) Callista Roy.
c) Hildegarde Peplau.
d) D. Johnson.
e) Nancy Roper.

13. La meta de Virginia Henderson es:

a) La adaptación del paciente.
b) El máximo grado de crecimiento personal del paciente.
c) Identificar las necesidades del paciente.

d) La independencia del paciente.
e) Ninguna es correcta.

14. ¿Cuál de las siguientes no es una ventaja de trabajar con un modelo de Enfermería?

a) La valoración se hace sobre la base de los signos y síntomas.
b) La atención prestada es integral.
c) Permite llevar a cabo todo el proceso de atención de Enfermería.
d) La valoración se hace sobre la base de respuestas humanas.
e) Ninguna es correcta.

15. Se considera matriarca de la Enfermería a:

a) Virginia Henderson.
b) Nancy Roper.
c) Dorotea Orem.
d) Florence Nightingale.
e) Callista Roy.

16. ¿Qué autora señala tres niveles en la relación enfermera-paciente?

a) Virginia Henderson.
b) Travelbee.
c) Orlando.
d) Hildegarde Peplau.
e) Florence Nightingale.

17. ¿A qué autora se le atribuye el modelo de déficit de autocuidados?

a) Tierny.
b) Logan.
c) Nancy Roper.
d) Virginia Henderson.
e) Dorotea Orem.

18. Entre las funciones de Enfermería que fueron enunciadas a partir de las publicaciones de Virginia Henderson no se encuentra:

a) La enfermera tiene la función única de ayudar a las personas sanas y enfermas.
b) La enfermera actúa como un subordinado en el equipo sanitario.
c) La enfermera puede y debe diagnosticar y tratar si la situación lo exige.
d) La enfermera está formada en Ciencias Biológicas y Sociales.
e) Ninguna es correcta.

19. En el Sistema de Enfermería parcialmente compensador es cierto que:

a) Enfermera y paciente realizan medidas de asistencia y otras medidas manipulativas o de deambulación.
b) Las actividades manipulativas y de deambulación la realiza en su totalidad la Enfermera.
c) La Enfermería orienta a la persona para llevar a cabo las acciones de autocuidado necesarias.
d) Está dirigido a pacientes que son capaces o deben aprender a realizar acciones propias de su autocuidado.
e) Todas son correctas.

20. ¿Cuál es la autora del modelo que se basa en la idea de que el hombre está constituido por un sistema de conductas cuyos resultados son lo que podemos ver?

a) D. Johnson.
b) Callista Roy.
c) Virginia Henderson.
d) Marta Roger.
e) Peplau.

21. ¿Cuál de los siguientes requisitos debe reunir el carácter científico?

a) Que el objeto no sea público.
b) Construir un cuerpo práctico sobre el objeto de estudio.
c) Definir el objeto de estudio.
d) Formular particularizaciones probabilísticas.
e) Ninguna es correcta.

22. La ciencia, tal como la entendemos hoy, aparece en el siglo:

a) XV.
b) XVI.
c) XVII.
d) XVIII.
e) IX.

23. La ciencia aparece con:

a) Kant.
b) Galileo Galilei.
c) Aristóteles.
d) Platón.
e) Ninguna es correcta.

24. Con respecto al método científico es cierto que:

a) Es el modo de llegar a elaborar teorías.
b) Tiene una lógica, marcada previamente por el investigador.
c) Sigue un orden en las etapas que desarrolla.
d) La observación debe ser cuidadosa, exhaustiva y exacta.
e) Todas son correctas.

25. La definición de proceso de Enfermería que dice que «es la aplicación de la resolución científica de problemas a los cuidados de Enfermería» fue dada por:

a) Marriner en 1983.
b) Griffit en 1986.
c) Iyer en 1987.
d) Alfaro en 1988.
e) Carpenito en 1989.

26. ¿En qué año apareció el primer código de Enfermería de carácter internacional?

a) 1820.
b) 1953.
c) 1977.
d) 1910.
e) 1973.

27. La profesionalización de la Enfermería apareció con:

a) Hildegarde Peplau.
b) Virginia Henderson.
c) Florence Nightingale.
d) Dorotea Orem.
e) Callista Roy.

28. ¿En qué año se convirtieron los estudios de Enfermería en estudios universitarios?

a) 1977.
b) 1973.
c) 1975.
d) 1979.
e) 1982.

29. Entre las características de las normas éticas destaca:

a) Tienen que cumplirse obligatoriamente.
b) Deben estar positivadas.
c) Tienen repercusión social.
d) No están ligadas al Estado.
e) Tienen repercusión jurídica.

30. Con respecto a los valores profesionales, ¿cuál de las siguientes afirmaciones no es correcta?

a) Los valores profesionales son un conjunto de creencias que se han ido consensuando a lo largo del tiempo y tienen verdadera importancia en el ámbito universal o en el regional en una cultura o pueblo.
b) Todas las personas poseen valores profesionales muy parecidos, casi idénticos.
c) Los valores profesionales son un reflejo y proyección de los valores personales.
d) Los valores profesionales se pueden adquirir en el ejercicio de la profesión.
e) Los valores profesionales se pueden adquirir en el proceso de socialización con el trabajo profesional.

31. Según Raths, Haumin y Simon, entre los criterios a cumplir para que las creencias, actitudes, actividades o sentimientos se conviertan en valor destaca:

a) Haber sido elegidos libremente sin presión externa.
b) Haber sido elegidos libremente entre varias alternativas.
c) Haber sido afirmados a los demás.
d) Haber sido repetidos en la propia vida.
e) Todas son correctas.

32. Es cierto que:

a) Los valores intrínsecos se refieren fundamentalmente a aquellos que contribuyen al mantenimiento de la vida.
b) Los alimentos tienen un valor extrínseco.
c) Un valor extrínseco se genera dentro de la persona y se considera necesario para mantener la vida.
d) La paz es un valor intrínseco.
e) El agua tiene un valor extrínseco.

33. Los valores profesionales consecuentes con el paradigma enfermero recogidos de la práctica profesional se identifican con:

a) Autonomía y autodeterminación.
b) Excelencia profesional.

c) Mantenimiento de la dignidad y respeto a las diferencias.
d) Compromiso personal y profesional.
e) Todas son correctas.

34. En la práctica de Enfermería se considera agravio:

a) A la falta de aplicación o cuidado por descuido u omisión.
b) Desacreditar a alguien por medio de manifestaciones o declaraciones públicas para hacerle perder su reputación.
c) A cualquier circunstancia, dicho o hecho que perjudica a una persona en sus intereses, derechos o reputación con respecto a terceros.
d) A un atentado intencionado en el que se pone en peligro la integridad física de la persona sin su consentimiento.
e) Ninguna es correcta.

35. El hecho de desacreditar a alguien por medio de manifestaciones o declaraciones públicas para hacerle perder su reputación se denomina:

a) Calumnia.
b) Asalto.
c) Agravio.
d) Difamación.
e) Negligencia.

36. La agresión es una forma de:

a) Asalto.
b) Difamación.
c) Agravio.
d) Calumnia.
e) Negligencia.

37. Una declaración falsa y mal intencionada se denomina:

a) Difamación.
b) Calumnia.
c) Agravio.
d) Negligencia
e) Ninguna es correcta.

38. No realizar una tarea determinada en el momento indicado es:

a) Daño intencionado.
b) Agravio.

c) Negligencia.
d) Olvido.
e) Asalto.

39. Según Mayeroff, es un componente básico a desarrollar para disponer de la capacidad de cuidar:

a) Humildad.
b) Confianza.
c) Conocimiento.
d) Esperanza.
e) Todas son correctas.

40. Entre los pasos a seguir para tomar decisiones éticas en la práctica clínica destaca:

a) Descripción del problema.
b) Principios.
c) Decisiones a tomar.
d) Resolución del problema.
e) Todas son correctas.

41. Para las decisiones que los profesionales de Enfermería deben tomar en su ejercicio profesional cabe señalar:

a) Recomendaciones de los médicos.
b) Recomendaciones del Consejo de Europa.
c) Recomendaciones de otros profesionales de Enfermería.
d) Código ético de la profesión.
e) b y d son correctas.

42. En Enfermería existe una relación asistencial:

a) Primaria.
b) Secundaria.
c) Terciaria.
d) Cuaternaria.
e) a y b son correctas.

43. La relación madre-hijo es una relación:

a) Secundaria simpática.
b) Primaria.
c) Secundaria empática.

d) Terapéutica secundaria.
e) Ninguna es correcta.

44. ¿De qué forma se puede desarrollar una relación terapéutica?

a) De forma primaria.
b) De forma simpática.
c) De forma empática.
d) De forma secundaria.
e) b y c son correctas.

45. El desarrollo moral:

a) Es la forma en que un individuo percibe los requisitos para vivir en sociedad y responde a ellos.
b) Son los requisitos necesarios para que las personas puedan vivir en sociedad.
c) Es el patrón de cambio en la conducta moral a medida que pasan los años.
d) Son las medidas adecuadas para crecer en la sociedad.
e) Ninguna es correcta.

46. Los requisitos necesarios para que las personas puedan vivir en sociedad es lo que llamamos:

a) Moral.
b) Moralidad.
c) Desarrollo moral.
d) Conducta moral.
e) Ninguna es correcta.

47. ¿Qué autor mantiene que el desarrollo moral se completa en la infancia?

a) Freud.
b) Erikson.
c) Peters.
d) Schulman.
e) Mekler.

48. Según Peters, el desarrollo moral implica:

a) La emoción moral.
b) El juicio moral.
c) La conducta moral.
d) La intención moral.
e) a, b y c son correctas.

49. ¿Qué autor considera que el mecanismo de lo bueno y lo malo en el individuo es el superego y la consciencia?

a) Peters.
b) Erikson.
c) Schulman.
d) Freud.
e) Mekler.

50. Entre los siguientes «principios morales universales» enunciados por la American Nurses Association (ANA) para el ejercicio de la profesión de Enfermería, destaca como más importante:

a) Principio de fidelidad.
b) Principio de autonomía.
c) Principio de no maleficencia.
d) Principio de justicia.
e) b y d son correctas.

51. El principio que pone de manifiesto que todo ser humano tiene total libertad para ordenar sus actos y disponer de sus propiedades y de su persona, de acuerdo con su voluntad, dentro de los límites de la ley natural y sin que su voluntad dependa de ésta se denomina:

a) Principio de beneficencia.
b) Principio de autonomía.
c) Principio de justicia.
d) Principio de veracidad.
e) Principio de fidelidad.

52. ¿Mediante qué Orden se crea el personal de Enfermería de Atención Primaria?

a) 14 de junio de 1984.
b) 8 de enero de 1976.
c) 19 de julio de 1986.
d) 7 de agosto de 1990.
e) Ninguna es correcta.

Solución al test nº 1

1. c) Orlando.

2. c) Modelos interaccionistas.

3. a) Organización.

4. e) Explotación.

5. a) Teoría de los sistemas de Enfermería.

6. b) Facilitar atención para influir de alguna forma sobre el paciente con el fin de que éste evolucione y llegue a conseguir un óptimo nivel de autocuidado.

7. e) Todas son correctas.

8. b) Sistema de Enfermería parcialmente compensador.

9. c) Conductor.

10. e) Todas son correctas.

11. a) Ordenar.

12. c) Hildegarde Peplau.

13. d) La independencia del paciente.

14. a) La valoración se hace sobre la base de los signos y síntomas.

15. d) Florence Nightingale.

16. a) Virginia Henderson.

17. e) Dorotea Orem.

18. b) La enfermera actúa como un subordinado en el equipo sanitario.

19. a) Enfermera y paciente realizan medidas de asistencia y otras medidas manipulativas o de deambulación.

20. c) D. Johnson.

21. c) Definir el objeto de estudio.

22. c) XVII.

23. a) Kant.

24. e) Todas son correctas.

25. a) Marriner en 1983.

26. b) 1953.

27. c) Florence Nightingale.

28. a) 1977.

29. d) No están ligadas al Estado.

30. b) Todas las personas poseen valores profesionales muy parecidos, casi idénticos.

31. e) Todas son correctas.

32. a) Los valores intrínsecos se refieren fundamentalmente a aquellos que contribuyen al mantenimiento de la vida.

33. e) Todas son correctas.

34. c) A cualquier circunstancia, dicho o hecho que perjudica a una persona en sus intereses, derechos o reputación con respecto a terceros.

35. d) Difamación.

36. a) Asalto.

37. b) Calumnia.

38. c) Negligencia.

39. e) Todas son correctas.

40. e) Todas son correctas.

41. e) b y d son correctas.

42. e) a y b son correctas.

43. b) Primaria.

44. e) b y c son correctas.

45. c) Es el patrón de cambio en la conducta moral a medida que pasan los años.

46. b) Moralidad.

47. a) Freud.

48. e) a, b y c son correctas.

49. d) Freud.

50. e) b y d son correctas.

51. b) Principio de autonomía.

52. a) 14 de junio de 1984.

TEST Nº 2

LEY GENERAL DE SANIDAD

1. Indique cuál de los siguientes no es uno de los principios inspiradores de la Ley General de Sanidad:

a) El derecho de todos los ciudadanos a la protección de la salud.
b) La institucionalización de Comunidades Autónomas en todo el territorio del Estado.
c) La liberalización de los servicios sanitarios.
d) Son correctas las opciones a y b.

2. La directriz sobre la que descansa toda la reforma que la Ley General de Sanidad propone es:

a) La igualación de las condiciones de vida.
b) La creación de un Sistema Nacional de Salud.
c) El mantenimiento del funcionamiento de los servicios públicos sobre mínimos uniformes.
d) La superación de los desequilibrios territoriales y sociales.

3. La financiación de las necesidades sanitarias de todos los Organismos e Instituciones dependientes de las Administraciones Públicas, se efectuará:

a) A través de las consignaciones efectuadas en las partidas presupuestarias del Estado, Comunidades Autónomas, Corporaciones Locales y Seguridad Social.

b) Con cargo a transferencias estatales, si se trata de personas sin recursos económicos.
c) Son correctas las dos opciones anteriores.
d) Ninguna de las opciones anteriores es correcta.

4. En materia de personal, el personal funcionario se regirá por la legislación vigente en materia de funcionarios, y la Ley:

a) 30/84, de 2 de agosto.
b) 60/85, de 1 de agosto.
c) 73/84, de 1 de agosto.
d) 37/85, de 2 de agosto.

5. Son derechos de los ciudadanos:

a) El firmar el documento de alta voluntaria en los casos de no aceptación del tratamiento.
b) El respeto a su personalidad.
c) El cumplir las prescripciones generales de naturaleza sanitaria.
d) El cuidar las instalaciones.

6. La Ley General de Sanidad consta de:

a) 137 artículos distribuidos en diez Títulos.
b) 143 artículos distribuidos en nueve Títulos.
c) 113 artículos distribuidos en siete Títulos.
d) 158 artículos distribuidos en ocho Títulos.

7. El Título VI trata sobre:

a) Las competencias de las Administraciones Públicas.
b) El sistema de salud.
c) La estructura del sistema sanitario público.
d) La docencia y la investigación.

8. La actual red especializada de atención a drogodependientes, está constituida por:

a) UAD y UDH.
b) UA y TB.
c) HDA y CTD.
d) Las opciones b y c son correctas.

9. Señale cuál de los siguientes no es uno de los Programas Asistenciales de PGD:

a) POA.
b) PMDO.
c) SD.
d) SPL.

10. Señale la afirmación incorrecta. Las características del perfil de los pacientes de PMN son:

a) Aceptable adaptación social.
b) Imposible adaptación social.
c) Buena motivación para abandonar el consumo.
d) Larga historia de consumo de opiáceos.

11. Un drogodependiente en tratamiento en la UAD, adscrito a cualquier programa terapéutico (PLD, PMN y PMM), con importante desestructuración en la organización de su tiempo libre y déficit formativo-laborales, tiene el perfil de un potencial usuario de una:

a) SDB.
b) UDA.
c) CTT.
d) DAC.

12. La CT es:

a) Un recurso específico en régimen parcial de internamiento.
b) Un marco físico que permite la ruptura total, pero temporal, con el medio habitual.
c) Un recurso general que permite desarrollar nuevas pautas de conducta sin romper con el mundo exterior habitual.
d) Ninguna de las anteriores es correcta.

13. Aunque la abstinencia parece ser siempre el objetivo final a conseguir, existen situaciones en las que se hace necesario valorar con cautela la indicación de un tratamiento de desintoxicación, y que incluso la pueden contraindicar, una de ellas es:

a) Pacientes con patología orgánica grave.
b) Pacientes terminal.
c) Determinados cuadros psiquiátricos.
d) Todas las opciones anteriores son correctas.

14. El SPR se concibe como:

a) Un programa específico de mantenimiento.
b) Un programa de cambio global de estilo de vida.
c) Un programa experimental novedoso.
d) Las opciones a y b son correctas.

15. ¿Cuál de los siguientes no es un objetivo del SEA?

a) Estudiar las ventajas de la red.
b) Facilitar la redefinición de objetivos terapéuticos.
c) Facilitar un adecuado feedback informativo para los profesionales.
d) Identificar buenos indicadores asistenciales.

16. Las Comunidades Terapéuticas y las Unidades de Día son:

a) Unidades Asistenciales de Drogodependencias de primera acogida.
b) Unidades Asistenciales de Drogodependencias de segunda acogida.
c) Unidades Asistenciales de Drogodependencias de corta permanencia.
d) Unidades Asistenciales de Drogodependencias de permanencia prolongada.

17. La Ley de Servicios Sociales de la Comunidad Autónoma de Galicia está estructurada en:

a) Sesenta y nueve artículos, distribuidos en ocho Títulos, once Disposiciones Adicionales, tres Transitorias, una Derogatoria y dos Finales.

b) Ochenta y nueve artículos, distribuidos en siete Títulos, quince Disposiciones Adicionales, cuatro Transitorias, dos Derogatorias y una Final.

c) Setenta y nueve artículos, distribuidos en siete Títulos, once Disposiciones Adicionales, cuatro Transitorias, una Derogatoria y dos Finales.

d) Cincuenta y nueve artículos, distribuidos en diez Títulos, ocho Disposiciones Adicionales, cuatro Transitorias, una Derogatoria y una Final.

18. Señale la opción incorrecta. Uno de los principios inspiradores del sistema de servicios sociales es:

a) Reconocimiento de la iniciativa privada con ánimo de lucro.
b) Planificación y coordinación.
c) Territorialidad.
d) Responsabilidad individual.

19. El sistema de servicios sociales se estructura en los siguientes niveles de atención:

a) De Atención Primaria y de Atención Especializada.
b) De Atención Primaria y de Atención Secundaria.

c) De Atención General y de Atención Especializada.
d) De Atención Pública y de Atención Privada.

20. Uno de los equipamientos propios de los servicios sociales de Atención Primaria lo componen:

a) Los centros sociales de uso polivalente.
b) Los centros de día y los centros de acogida.
c) Los centros ocupacionales.
d) Todos los anteriores.

21. Las competencias en materia de servicios sociales corresponderán a:

a) Los Ayuntamientos.
b) Las Diputaciones Provinciales.
c) La Comunidad Autónoma.
d) Todas las anteriores.

22. Compete a los Ayuntamientos:

a) La creación y gestión de servicios sociales de atención especializada de ámbito supramunicipal o, en su caso, supracomarcal.
b) La participación en el estudio y en la determinación de las necesidades que han de cubrirse dentro de su territorio.
c) La promoción y organización del voluntariado.
d) El mantenimiento de las estadísticas actualizadas de necesidades y servicios de ámbito provincial.

23. Tendrá la consideración de entidad prestadora de servicios sociales:

a) Toda persona física o jurídica que sea titular de centros o desarrolle programas de servicios sociales.
b) Todo centro jurídicamente constituido, de acuerdo con los parámetros de la Ley General de Sanidad y lo dispuesto en la Ley de Servicios Sociales de la Comunidad Autónoma de Galicia.
c) Las dos opciones anteriores son correctas.
d) Ninguna de las anteriores es correcta.

24. El órgano superior consultivo y de participación de la Comunidad Autónoma en el campo de los servicios sociales es:

a) La Consellería competente en la materia.
b) El Consejo Gallego de Servicios Sociales.

c) El Consejo Consultivo Gallego de Servicios Sociales.
d) Las opciones a y c son correctas.

25. El Consejo Gallego de Servicios Sociales se compone de:

a) 29 miembros.
b) 39 miembros.
c) 49 miembros.
d) 59 miembros.

26. Las prestaciones y ayudas destinadas a personas o unidades de convivencia que se encuentren en una situación de marginación social y necesidad material, de acuerdo con los baremos objetivos legal o reglamentariamente establecidos, se denominan:

a) Asistenciales.
b) Periódicas.
c) A largo plazo.
d) De urgencia.

27. La Salud Mental en Galicia se regula por el Decreto:

a) 839, de 10 de diciembre de 1994.
b) 398, de 5 de diciembre de 1994.
c) 389, de 15 de diciembre de 1994.
d) 938, de 1 de diciembre de 1994.

28. El dispositivo básico sobre el que se asentarán todas las acciones de salud mental son:

a) Las unidades de salud mental.
b) Los hospitales de día.
c) Las unidades de hospitalización psiquiátrica.
d) Las unidades específicas.

29. Las unidades de hospitalización psiquiátrica son:

a) Centros de hospitalización parcial con la misión de desarrollar funciones intermedias entre las unidades de salud mental y las unidades de hospitalización.
b) Unidades específicas.
c) Dispositivos asistenciales destinados al ingreso temporal de aquellos pacientes que se puedan beneficiar de esta modalidad terapéutica.
d) Ninguno de los anteriores.

30. Las unidades de apoyo social intermedio forman parte de:

a) Las unidades de apoyo comunitario.
b) Las unidades hospitalarias de rehabilitación psiquiátrica.
c) Los pisos protegidos y viviendas de transición.
d) Las unidades residenciales.

Solución al test nº 2

1. c) La liberalización de los servicios sanitarios.

2. b) La creación de un Sistema Nacional de Salud.

3. c) Son correctas las dos opciones anteriores.

4. a) 30/84, de 2 de agosto.

5. b) El respeto a su personalidad.

6. c) 113 artículos distribuidos en siete Títulos.

7. d) La docencia y la investigación.

8. a) UAD y UDH.

9. d) SPL.

10. d) Larga historia de consumo de opiáceos.

11. b) UDA.

12. b) Un marco físico que permite la ruptura total, pero temporal, con el medio habitual.

13. d) Todas las opciones anteriores son correctas.

14. d) Las opciones a y b son correctas.

15. a) Estudiar las ventajas de la red.

16. b) Unidades Asistenciales de Drogodependencias de segunda acogida.

17. c) Setenta y nueve artículos, distribuidos en siete Títulos, once Disposiciones Adicionales, cuatro Transitorias, una Derogatoria y dos Finales.

18. d) Responsabilidad individual.

19. a) De atención primaria y de atención especializada.

20. d) Todos los anteriores.

21. d) Todas las anteriores.

22. c) La promoción y organización del voluntariado.

23. a) Toda persona física o jurídica que sea titular de centros o desarrolle programas de servicios sociales.

24. b) El Consejo Gallego de Servicios Sociales.

25. b) 39 miembros.

26. b) Periódicas.

27. c) 389, de 15 de diciembre de 1994.

28. a) Las unidades de salud mental.

29. c) Dispositivos asistenciales destinados al ingreso temporal de aquellos pacientes que se puedan beneficiar de esta modalidad terapéutica.

30. a) Las unidades de apoyo comunitario.

TEST Nº 3

LA SALUD Y LA ENFERMERÍA

1. Son factores determinantes de la aparición de enfermedades:

a) Los hábitos (estilo de vida).
b) Genética.
c) La atención de Salud.
d) Todos.
e) Ninguno.

2. Cuando el individuo refiere síntomas de enfermedad y además aparecen signos objetivables de la misma se habla de periodo:

a) Clínico.
b) Subclínico.
c) Prepatogénico.
d) Estado.
e) Son correctas las respuestas a y d.

3. Al conjunto de signos y síntomas de una enfermedad se le conoce con el nombre de:

a) Etiología.
b) Síndrome.

c) Semiología.
d) Patocronia.
e) Ninguna es correcta.

4. ¿Cuál de los factores determinantes de la Salud debe ser abordado desde la Educación para la Salud?

a) Biología humana.
b) Medio ambiente.
c) Los estilos de vida.
d) La Atención Primaria de Salud.
e) a y b.

5. Una de las afirmaciones que se hacen es falsa. Señálela:

a) La Salud es un objetivo de la vida a alcanzar por las personas y la comunidad.
b) La Salud debe entenderse como un recurso para la vida diaria.
c) La Salud es un concepto dinámico, cambiante y relativo.
d) Salud y Enfermedad son parte de un proceso único, el «proceso Salud-Enfermedad».
e) No se puede delimitar cuál es el estado ideal de Salud.

6. La Salud depende de factores:

a) Psíquicos.
b) Biológicos.
c) Sociales.
d) Ninguno.
e) Todos.

7. Cuando en una enfermedad los signos y síntomas son ya manifiestos y además alcanzan su máxima expresión se habla de:

a) Incubación o fase latencia.
b) Fase prodrómica.
c) Periodo de estado.
d) Fase de resolución.
e) Ninguna de las anteriores es correcta.

8. El nuevo concepto de Salud plantea un enfoque:

a) Estático-ecológico.
b) Dinámico-ecológico.
c) Estático-biológico.

d) Bioestático.
e) a y b son correctas.

9. La genética es un factor determinante de la Salud englobada dentro de:

a) El medio ambiente.
b) Los estilos de vida.
c) La biología humana.
d) Los Sistemas Sanitarios.
e) Factores psicosociales y socioculturales.

10. Cuando clasificamos la enfermedad por su duración hablamos de:

a) Enfermedad aguda.
b) Enfermedad hereditaria.
c) Enfermedad general.
d) Enfermedad crónica.
e) a y d son correctas.

11. El estrés es una enfermedad psicosocial clasificada así por:

a) Su localización.
b) Su etiología.
c) Su patogenia.
d) Su duración.
e) Ninguna es correcta.

12. ¿Cuál de estas afirmaciones no es correcta?

a) Las enfermedades metabólicas aparecen cuando se producen alteraciones del metabolismo.
b) Las alteraciones celulares se producen por cambios en las células de los tejidos.
c) En las enfermedades inflamatorias, el organismo responde al agente agresor mediante la inflamación de la zona agredida.
d) En las enfermedades inmunológicas, el sistema inmune del individuo reacciona de manera anormal ante ciertos estímulos normales.
e) Las reacciones catabólicas son un conjunto de acciones de las células muertas desencadenadas por factores hereditarios.

13. La definición «La Salud es una aptitud óptima para la vida llena, fructífera y creativa» fue pensada por:

a) La OMS.
b) Perpiñan.

c) Hoysman.
d) Sigerid.
e) V. Henderson.

14. ¿Cuál es el factor condicionante que incide en mayor medida sobre el estado de Salud?

a) Medio ambiente.
b) Estilo de vida.
c) Biología humana.
d) Sistema sanitario.
e) Genética.

15. Dentro del factor «estilo de vida», no incluiríamos:

a) Consumo de drogas.
b) Envejecimiento.
c) Hábitos higiénicos.
d) Preferencias alimentarias.
e) Sedentarismo.

16. El dolor es:

a) Un signo.
b) Un síntoma.
c) Un síndrome.
d) Una patología.
e) Ninguna es correcta.

17. La enfermedad que ya existía antes del nacimiento y suele aparecer en el periodo embrionario o fetal se denomina:

a) Enfermedad congénita.
b) Enfermedad hereditaria.
c) Enfermedad inmunológica.
d) Enfermedad metabólica.
e) Enfermedad crónica.

18. De los siguientes grupos de enfermedades, ¿cuál no es clasificada por su patogenia?

a) Enfermedades inflamatorias.
b) Enfermedades inmunológicas.
c) Enfermedades producidas por agentes físicos.

d) Enfermedades constitucionales.
e) Enfermedades metabólicas.

19. La fase de la enfermedad en la que empiezan a aparecer las primeras manifestaciones o síntomas, pero aún son escasos, se denomina:

a) Periodo de incubación o fase de latencia.
b) Fase prodrómica.
c) Periodo de estado.
d) Fase de resolución.
e) Ninguna es correcta.

20. Es cierto que:

a) Un signo es una manifestación subjetiva y por tanto difícil de cuantificar.
b) Un síntoma es una manifestación objetiva y mensurable de enfermedad.
c) Un síndrome es un conjunto de signos y síntomas que caracterizan y definen a una determinada enfermedad.
d) La enfermedad es una alteración del estado y/o funcionamiento que se manifiesta sólo por signos.
e) c y d son correctas.

21. ¿En qué grupo de factores determinantes de la Salud se incluye un virus?

a) Medio ambiente.
b) Estilo de vida.
c) Biología humana.
d) Sistema sanitario.
e) Psicosociales y socioculturales.

22. Cuando a lo largo de la historia se ha considerado que la Salud está influenciada por las condiciones del medio en el que se habita, se habla de una concepción:

a) Mágico-religiosa.
b) Miasmática.
c) Bacteriológica.
d) Multicausal y ecológica.
e) Social.

23. Entre las fases de la enfermedad, no se encuentra:

a) Periodo de latencia.
b) Fase prodrómica.

c) Fase postpandrial.
d) Periodo de estado.
e) Fase de resolución.

24. Entre las alteraciones celulares, podemos encontrar:

a) Atrofia.
b) Hipertrofia.
c) Tumores.
d) Neoplasias.
e) Todas son correctas.

25. Con respecto a las enfermedades degenerativas, es cierto que:

a) Están desencadenadas por factores hereditarios.
b) Están producidas por alteraciones en los tejidos.
c) Están producidas por alteraciones de la forma y crecimiento de las células.
d) Están producidas por alteraciones en la composición química de las estructuras que forman los tejidos.
e) Están producidas por alteraciones del metabolismo.

26. Con respecto a la fase prodrómica, es cierto que:

a) En esta fase empiezan a aparecer los primeros síntomas.
b) Los síntomas y signos son ya manifiestos en esta fase.
c) El agente agresor actúa sobre el organismo, pero todavía no han aparecido signos y síntomas de enfermedad.
d) La enfermedad evoluciona hacia la curación total en esta fase.
e) La enfermedad evoluciona hacia la muerte en esta fase.

27. El lavado de manos en clínica se puede clasificar en:

a) Lavado de manos especial.
b) Lavado de manos quirúrgico.
c) Lavado de manos en urgencias.
d) Lavado de manos rutinario.
e) a, b y d son correctas.

28. El lavado de manos especial se realiza durante un tiempo de:

a) 15 minutos.
b) 2 minutos.
c) 1 minuto.

d) 3 minutos.
e) 10 minutos.

29. El lavado de manos no está indicado:

a) Al llegar al trabajo y al terminar la jornada.
b) Después de utilizar los servicios.
c) Antes, durante y después de realizar la higiene del paciente.
d) Antes de administrar medicamentos.
e) Antes y después de aspirar secreciones a un paciente.

30. El lavado reiterado de las manos puede producir:

a) Eritema.
b) Flictenas.
c) Úlceras.
d) Necrosis de tejidos.
e) Ninguna es correcta.

31. Para evitar las irritaciones producidas por el continuo lavado de manos se recomienda:

a) Realizar el lavado sólo al llegar y al terminar la jornada.
b) Utilizar guantes durante toda la jornada de trabajo.
c) Lavarse las manos sólo después de utilizar los servicios.
d) Usar cremas protectoras.
e) No lavarse las manos hasta que estén completamente curadas.

32. El secado de las manos en un lavado rutinario se realiza con:

a) Toallas de papel.
b) Toallas textiles.
c) Toallas estériles.
d) Secadores de manos eléctricos.
e) Gasas estériles.

33. Con respecto al lavado quirúrgico de manos, es cierto que:

a) Se utiliza jabón neutro.
b) Se realiza durante un minuto aproximadamente.
c) El secado se realiza con toallas de papel.
d) La mascarilla hay que colocarla antes de realizar el lavado quirúrgico.
e) Se realiza durante 30 segundos aproximadamente.

34. La bata más usada en quirófano se llama:

a) Bata americana.
b) Bata rusa.
c) Bata inglesa.
d) Bata francesa.
e) Ninguna de las anteriores.

35. La ropa de quirófano de un cirujano debe incluir:

a) Reloj de pulsera.
b) Anillos.
c) Pulseras.
d) Calzas.
e) Ninguna de las anteriores.

36. Las ropas y vestuarios de quirófano deben ser:

a) De nilón.
b) De lana.
c) De algodón.
d) De seda.
e) De poliéster.

37. Con respecto al lavado de manos rutinario, es cierto que:

a) Debe realizarse durante 2 minutos.
b) Precisa gran dedicación.
c) Se hace con jabón antiséptico.
d) Debe realizarse como medida de higiene personal después de las tareas habituales y cotidianas.
e) Se hace con agua caliente.

38. Con respecto a la colocación de los guantes estériles, es cierto que:

a) El médico es el que abre el envoltorio de los guantes que se va a poner.
b) No es imprescindible colocar el envoltorio interno de los guantes sobre una superficie estéril.
c) Los dedos de la mano izquierda sólo deben tocar al guante por su cara interna.
d) La colocación de los guantes estériles es a criterio de cada cual.
e) Ninguna es correcta.

39. Con respecto a la colocación de una mascarilla, es cierto que:

a) Debe adaptarse bien a la fisionomía del individuo.
b) Si el sujeto tiene barba, esta quedará fuera de la mascarilla.

c) Se puede utilizar durante dos intervenciones quirúrgicas seguidas.
d) Se coloca tras realizar el lavado quirúrgico de manos.
e) Todas son correctas.

40. Con respecto a las ropas de quirófano, es cierto que:

a) Deben ser de algodón.
b) Deben tener mallas fuertes.
c) Deben ser de colores sólidos y que absorban la luz.
d) Deben ser amplias y cómodas.
e) Todas son correctas.

41. Señale la opción incorrecta. Una unidad tipo de un hospital, está formada por:

a) Cama hospitalaria.
b) Timbre de alarma.
c) Televisión.
d) Toma de oxígeno.
e) Armario ropero.

42. El mobiliario de una habitación de hospital debe ser de color:

a) Beige.
b) Verde.
c) Blanco.
d) Gris.
e) Amarillo.

43. El espacio existente entre una cama hospitalaria y la pared lateral, debe ser como mínimo de:

a) No importa tal separación.
b) 0,5 metros.
c) 0,3 metros.
d) 1 metro.
e) 0,8 metros.

44. En la habitación de dos o más camas, debe existir un espacio suficiente entre cada dos camas, siendo el mínimo aconsejado de:

a) 0,5 metros.
b) No importa tal separación.

c) 0,3 metros.
d) 0,8 metros.
e) 1 metro.

45. El color más adecuado para las paredes de las habitaciones de un hospital es:

a) Beige.
b) Blanco brillo.
c) Blanco mate.
d) Amarillo.
e) Ninguna es correcta.

46. La temperatura de las habitaciones de un hospital debe oscilar, según la época del año, entre:

a) 18-20ºC.
b) 30-32ºC.
c) 28-30ºC.
d) 24-26ºC.
e) 26-28ºC.

47. La prevención primaria de Salud:

a) Tiene como finalidad reducir la prevalencia de las enfermedades.
b) Actúa sobre las secuelas dejadas por la enfermedad.
c) Utiliza la rehabilitación como procedimiento.
d) Trata de disminuir la incidencia de las enfermedades.
e) Todas las respuestas enunciadas anteriormente son falsas.

48. Evitar la aparición de nuevos casos de enfermedad es un objetivo marcado en prevención:

a) Primaria.
b) Secundaria.
c) Terciaria.
d) Cuaternaria.
e) De todas las anteriores.

49. El diagnóstico de las enfermedades se realiza en:

a) Prevención primaria.
b) Prevención secundaria.
c) Prevención terciaria.

d) Prevención cuaternaria.
e) En ninguno de los casos anteriores.

50. El número de casos nuevos de una enfermedad que aparecen en un período de tiempo determinado se conoce como:

a) Prevalencia.
b) Incidencia.
c) Tasa de ataque.
d) Diagnóstico.
e) Tratamiento.

51. ¿Qué autor considera a la Educación para la Salud como una intervención social que tiende a modificar conscientemente y de forma duradera los comportamientos en relación con la Salud?

a) Winslow.
b) Wood.
c) Seppelli.
d) Grout.

52. Derryberry definió la Educación para la Salud como:

a) Un proceso de aprendizaje encaminado a modificar de manera favorable las actitudes y a influir en los hábitos higiénicos de la población.
b) La suma de experiencias que influyen favorablemente sobre los hábitos, actitudes y conocimientos relacionados con la Salud del individuo y de las Comunidades.
c) El procedimiento que entraña traducir los conocimientos acumulados sobre Salud en normas de comportamiento adecuadas, individuales o comunitarias, valiéndose de la educación.
d) Proceso de Comunicación Interpersonal.

53. ¿Cuál de los siguientes no es un objetivo general de la educación sanitaria?

a) Hacer de la Salud un patrimonio de la colectividad.
b) Propugnar cambios en el medio ambiente.
c) Fomentar el establecimiento y uso adecuado de los servicios de Salud.
d) Capacitar a las personas para el desempeño de las actividades relacionadas con la Salud.

54. Según el IV Grupo de Trabajo de la National Conference on Preventive Medicine, la Eduación para la Salud debe incluir:

a) Información a la población.
b) Ayuda a la población.

c) Propugnar cambios.
d) Todas son correctas.

55. ¿Quién planteó dos modelos diferentes de Educación Sanitaria?

a) Bjarne Bruun Jeusen.
b) Anne E. Somers.
c) Barlett.
d) Kurtz.

56. El modelo moralista de Educación para la Salud se centra en:

a) El comportamiento.
b) La globalidad del individuo.
c) El pensamiento.
d) Ninguna es correcta.

57. ¿En qué año dio Wood su definición de Educación para la Salud?

a) En 1926.
b) En 1960.
c) En 1934.
d) En 1945.

58. Los medios de Educación para la Salud entre el docente y el discente se denominan:

a) Bidireccionales.
b) Directos.
c) Unidireccionales.
d) Indirectos.

59. ¿Cuál de los siguientes es un medio directo de Educación para la Salud?

a) Los folletos.
b) La televisión.
c) La entrevista clínica.
d) La demostración.

60. ¿Cuál de las siguientes es un inconveniente que tiene la charla educativa?

a) Impulsa más el conocimiento que el cambio de actitudes.
b) Con ella sólo se pueden inculcar ideas y conceptos, ya que no es válido para educar de forma práctica.

c) Debe ser promovida por el propio grupo a la que va dirigida.
d) El mantenimiento y reposición del material usado en la charla debe ser tarea conjunta de muchas personas.

61. ¿Cuál de las siguientes no es una característica de un buen entrevistador?

a) Concreción.
b) Asertividad.
c) Empatía.
d) Subjetividad.

62. La técnica 66 o Phillips 66 se utiliza:

a) Para la resolución de un problema.
b) Para que el grupo deduzca conductas y situaciones que luego sean objeto de análisis con el educador.
c) Para motivar al grupo a un análisis profundo de una situación conocida por ellos.
d) Para conocer lo que sabe el grupo sobre un tema, problema o situación determinada.

63. ¿Cuál de los siguientes métodos no está catalogado como dinámica de grupo?

a) Psicodrama.
b) Panel.
c) Phillips 66.
d) Sociodrama.

64. La entrevista en la cual el profesional apenas interviene y deja que el paciente haga una narración abierta y sin interrupciones se denomina:

a) Entrevista dirigida.
b) Entrevista cerrada.
c) Entrevista libre.
d) Entrevista abierta.

65. ¿Cuál de las siguientes habilidades debe ser desarrollada en la fase resolutiva de la entrevista semiestructurada?

a) Utilizar una dicción clara.
b) Usar adecuadamente el silencio.
c) Solidaridad con el paciente.
d) Los señalamientos.

66. Los gestos que sirven para reafirmar aquello que estamos diciendo se denominan:

a) Reguladores.
b) Adaptadores.
c) Reafirmadores.
d) Ilustradores.

67. La primera información que se recibe en una entrevista y a partir de la cual se elabora la primera hipótesis es lo que se denomina:

a) Primer mensaje.
b) Apariencia física.
c) Código.
d) Expresión de la cara.

68. La duración de la clase no debe exceder:

a) 45 minutos.
b) 60 minutos.
c) 40 minutos.
d) 30 minutos.

69. ¿Cuál de las siguientes es una fase de Educación para la Salud?

a) Crear los contenidos de la educación.
b) Identificar el nivel de conocimientos de la población a tratar.
c) Evaluación del proceso y las tareas educativas.
d) Todas las anteriores son fases de Educación para la Salud.

70. Las revisiones de personas afectadas por un mismo problema se denomina:

a) Grupos de crecimiento personal.
b) Grupos de socialización.
c) Grupos de autoayuda.
d) Grupos de integración social.

71. La técnica llamada mesa redonda es una combinación de:

a) Discusión en grupo y Panel.
b) Seminario y demostración.
c) Sociodrama y Panel.
d) Phillips 66 y Seminario.

72. El contenido de la Educación para la Salud se irá dando de forma gradual según: (señale la opción incorrecta).

a) Nivel laboral.
b) Edad.
c) Raza.
d) Sexo.

73. ¿Cuál de las siguientes es una ventaja de la utilización de folletos?

a) Son válidos para personas que saben leer.
b) Es fácil repartirlos, ya que los puntos de distribución son muy numerosos.
c) Llega a muchas personas a la vez.
d) Son baratos.

74. Según qué autor hay que enfocar la Educación para la Salud hacia individuos, equipo de Salud, Administraciones Públicas o colectivos:

a) Barlett.
b) Kurtz.
c) Mazarrasa.
d) Wood.

75. ¿En qué año declaró el comité de expertos de la OMS en Educación Sanitaria que uno de los objetivos fundamentales en materia de Educación Sanitaria es ayudar a la gente a alcanzar la Salud mediante sus propios actos y esfuerzos:

a) En 1961.
b) En 1945.
c) En 1953.
d) En 1973.

76. Para mejorar los indicadores de Salud en la Comunidad, la Educación para la Salud debe llevarse a cabo en:

a) La escuela.
b) La empresa.
c) La familia.
d) En todas las anteriores.

77. Las acciones dirigidas a informar y motivar a los ciudadanos para que abandonen los comportamientos nocivos para la Salud es lo que llamamos:

a) Prevención primaria.
b) Prevención secundaria.

c) Prevención terciaria.
d) Promoción de la Salud.

78. ¿Quién piensa que el individuo tiene alguna información acerca de muchos temas y en el tema de la Salud esa parte de conocimientos le viene a raíz de la cultura?

a) Piaget.
b) Kurtz.
c) Winslow.
d) Barlett.

79. Ser asertivo implica:

a) Saber que hay pacientes con los que la relación puede ser muy distante.
b) Establecer la proximidad afectiva entre el enfermero y el paciente.
c) Entender los problemas y sentimientos del paciente.
d) Tener la capacidad para dejar hablar y escuchar.

80. ¿Cuál de las siguientes afirmaciones no es correcta?

a) El modelo democrático de Salud se basa en que la Enfermedad es un importante factor de cambio de conducta.
b) Una habilidad a desarrollar en la fase resolutiva de la entrevista es acompañar la comunicación verbal con la no verbal.
c) El principal inconveniente de la televisión como medio directo es que es un medio unidireccional.
d) La Demostración no es una técnica de grupo.

81. «La Educación Sanitaria es la suma de experiencias que modifican favorablemente los hábitos, las actitudes y los conocimientos relacionados con la Salud individual y comunitaria». La anterior es una definición acuñada por:

a) Goldberd.
b) Wood.
c) Meredith.
d) Costa y López.
e) La OMS.

82. Son objetivos de la Educación Sanitaria:

a) Hacer de la Salud un patrimonio individual.
b) Modificar las conductas positivas relacionadas con la promoción y restauración de la Salud.

c) Promover conductas nuevas negativas para influir en la promoción de la Salud.
d) Capacitar a los individuos para que puedan participar en la toma de decisiones sobre la Salud de su comunidad.
e) Todas son correctas.

83. A los métodos utilizados para la comunicación, en los que se realiza un intercambio activo entre el docente y el discente, de tal forma que las dos partes pueden intercambiar sus papeles, se denomina:

a) Métodos unidireccionales.
b) Métodos bidireccionales.
c) Métodos indirectos.
d) Métodos didácticos.
e) Ninguna es correcta.

84. Los métodos que se utilizan en la información y Educación Sanitaria de grupos y colectividades se denominan:

a) Bidireccionales.
b) Directos.
c) Socráticos.
d) Didácticos.
e) Todas son correctas.

85. Es un método directo de Educación para la Salud:

a) Radio.
b) Televisión.
c) Folletos y publicaciones.
d) Carteles o murales.
e) La charla.

86. No es una característica de los métodos directos:

a) Existe contacto directo entre el educador y el educando.
b) Se utiliza la palabra hablada, la cual constituye el primer medio y el más efectivo con que siempre ha contado la educación.
c) Como complemento de la palabra hablada, puede utilizarse o no ayudas técnicas: pizarras, diapositivas, etc.
d) Tienen preferencia sobre los métodos indirectos, sobre todo en los programas y campañas de Educación Sanitaria.
e) Alcanzan a un número elevado de personas y los mensajes no pueden ser diferenciados o específicos para cada grupo de población diaria.

87. El método directo de Educación Sanitaria más utilizado en nuestro medio para dirigirse a grupos es:

a) Diálogo.
b) Entrevista.
c) Clase.
d) Discusión en grupo.
e) Charla.

88. La duración de la clase no debe ser superior a:

a) 30 minutos.
b) 45 minutos.
c) 60 minutos.
d) 75 minutos.
e) 90 minutos.

89. El número ideal de componentes para realizar un sociograma en grupo es:

a) 3-4 miembros.
b) 5-8 miembros.
c) 12-15 miembros.
d) 15-20 miembros.
e) Hasta 30 miembros es efectiva.

90. Entre las ventajas de los folletos no se encuentra:

a) Son muy versátiles.
b) El mensaje no es puntual, sino que permanece.
c) Constituyen un complemento eficaz de otros medios de comunicación, tanto directos como indirectos.
d) Si las series de producción son grandes, el coste por unidad es bajo.
e) Permiten la repetición diaria o periódica del mensaje, hasta que se considere que éste ha producido el efecto deseado.

91. Los programas comunitarios de Educación Sanitaria deben:

a) Identificar los grupos en riesgo.
b) Informarles y motivarles (persuadirles) para que abandonen los comportamientos que condicionan esos riesgos (prevención primaria).
c) Estimularles a que se sometan a los exámenes de Salud para la detección precoz de problemas de Salud condicionados por su estilo de vida y comportamiento insanos (prevención secundaria).

d) Informarles sobre los primeros síntomas de las enfermedades con alto riesgo y orientarles a los servicios a los que deben dirigirse para su diagnóstico y tratamiento precoces.
e) Todas son correctas.

92. ¿Cuál de los siguientes métodos de Educación Sanitaria no es unidireccional?

a) Carteles.
b) Anuncio de televisión.
c) Entrevista personal.
d) Folletos.
e) Prensa.

93. Es un objetivo de la Educación Sanitaria:

a) Favorecer el cumplimiento del tratamiento.
b) Conseguir un óptimo control clínico.
c) Facilitar la participación activa del paciente en el seguimiento y control de su enfermedad.
d) Conseguir un alto conocimiento del paciente acerca de su enfermedad.
e) Todas son correctas.

94. Es un agente de Educación Sanitaria:

a) El maestro.
b) La enfermera.
c) El médico.
d) El periodista.
e) Todas son correctas.

95. La Educación para la Salud pretende:

a) Ayudar a desarrollar estilos de vida saludables.
b) Ser un instrumento para la Epidemiología.
c) Ser una herramienta para medir la calidad de vida.
d) Todas son correctas.
e) Ninguna es correcta.

96. ¿Quién es el principal «educador de Salud» de los niños de la escuela?

a) Los profesores.
b) La familia.
c) Los compañeros de clase.

d) Los Servicios Sanitarios.
e) Ninguna es correcta.

97. La técnica Philips/66 de Educación para la Salud va dirigida:

a) Al individuo de la comunidad.
b) Al paciente del hospital.
c) Tal técnica no existe.
d) A un grupo de la comunidad.
e) a y b son correctas.

98. El programa de Salud denominado «niño sano» es:

a) Un programa de Educación para la Salud en la escuela.
b) Un programa de Educación Sanitaria en la empresa.
c) Un programa específico de Educación Sanitaria.
d) Un programa general de Educación Sanitaria.
e) Todas son correctas.

99. ¿Cuál de los factores determinantes de la Salud debe ser abordado desde la Educación para la Salud?

a) Biología humana.
b) Medio ambiente.
c) Los estilos de vida.
d) La Atención Primaria de Salud.
e) a y b son correctas.

100. La Educación para la Salud (EPS) va dirigida a:

a) La población sana.
b) Los enfermos.
c) Los escolares.
d) Los ancianos.
e) Todos.

101. Estudiante de matemáticas de 19 años que al final de su primer año de universidad refiere que sus compañeros se burlan de él, hacen gestos cuando va a clase y al romper una amiga una cita con él, acude a la policía para denunciar que ha sido sustituida «por una doble». Desde el inicio del curso, cuando mira la televisión, nota que muchos de los comentarios hacen referencia a sus actos, que le vigilan por cámaras, hay máquinas que le controlan sus pensamientos y le ordenan mediante ondas y un «chip intracerebral» lo que debe hacer. El diagnóstico más probable es:

a) Esquizofrenia, tipo hebefrénico.
b) Trastorno esquizofreniforme.

c) Paranoia.
d) Esquizofrenia, tipo paranoide.
e) Trastorno esquizotípico.

102. De los siguientes factores, hay uno que es criterio de buen pronóstico en la esquizofrenia:

a) Inicio en menos de seis meses.
b) Falta de apoyo social.
c) Existencia de historia familiar de esquizofrenia.
d) Ausencia de factores precipitantes.
e) Nivel de conciencia sin alteraciones.

103. En los trastornos psicóticos agudos y transitorios lo falso es que:

a) El comienzo debe ser en menos de dos semanas.
b) Debe carecer de causa orgánica como conmoción, *delirium* o demencia.
c) No debe acompañarse de la presencia de estrés agudo.
d) Si tiene síntomas de esquizofrenia y dura más de un mes el diagnóstico debe sustituirse por el de esquizofrenia.
e) Incluye las también llamadas psicosis reactivas breves, trastornos esquizofreniformes y las reacciones paranoides.

104. Señale el dato erróneo en relación con la agorafobia:

a) Aparece en la infancia.
b) Es el más incapacitante de los trastornos fóbicos.
c) Suele presentarse en la clínica asociada al trastorno de pánico.
d) La vivencia de una falta de salida inmediata es uno de los rasgos clave.
e) A nivel farmacológico se trata con benzodiacepinas y antidepresivos.

105. Señale el dato falso en el diagnóstico diferencial del trastorno de ansiedad generalizada y el trastorno de pánico:

a) Los antidepresivos son más útiles en el tratamiento de base del trastorno de pánico que en la ansiedad generalizada.
b) La aparición secundaria de agorafobias es mayor en los ataques de pánico.
c) El trastorno por ansiedad generalizada suele asociarse a un estrés crónico.
d) El trastorno de pánico cursa con crisis.
e) El temor a la muerte inminente es más característico del trastorno por ansiedad generalizada.

106. En cuanto al tratamiento en la esquizofrenia, es cierto que:

a) Las terapias de grupo carecen de utilidad
b) La terapia electroconvulsiva debe evitarse en aquellos casos que exista grave riesgo de suicidio.

c) Preparados inyectables de flufenacina, pipotiacina y zuclopentixol permiten espaciar el tiempo de las dosis.

d) El mantenimiento con neurolépticos sigue una pauta invariable en lo referente a la dosificación y tiempo de administración.

e) Los antiparkinsonianos deben asociarse invariablemente al tratamiento neuroléptico.

107. La enfermedad de Parkinson se caracteriza fundamentalmente por un déficit de:

a) Serotonina.
b) Dopamina.
c) Adrenalina.
d) Histamina.
e) Todas son falsas.

108. Entre los síntomas de la enfermedad de Parkinson no se encuentra:

a) Rigidez.
b) Depresión.
c) Temblor de reposo.
d) Aumento de la memoria.
e) Todas son correctas.

109. Los accidentes isquémicos transitorios (AIT), ¿cuánto tiempo pueden durar?

a) 8 horas.
b) 12 horas.
c) 36 horas.
d) Menos de 24 horas.
e) Más de 24 horas.

Solución al test nº 3

1. d) Todos.

2. e) Son correctas las respuestas a y d.

3. b) Síndrome.

4. c) Los estilos de vida.

5. a) La Salud es un objetivo de la vida a alcanzar por las personas y la comunidad.

6. e) Todos.

7. c) Periodo de estado.

8. b) Dinámico-ecológico.

9. c) La biología humana.

10. e) a y d son correctas.

11. b) Su etiología.

12. e) Las reacciones catabólicas son un conjunto de acciones de las células muertas desencadenadas por factores hereditarios.

13. c) Hoysman.

14. b) Estilo de vida.

15. b) Envejecimiento.

16. b) Un síntoma.

17. a) Enfermedad congénita.

18. c) Enfermedades producidas por agentes físicos.

19. b) Fase prodrómica.

20. c) Un síndrome es un conjunto de signos y síntomas que caracterizan y definen a una determinada enfermedad.

21. a) Medio ambiente.

22. d) Multicausal y ecológica.

23. c) Fase postpandrial.

24. e) Todas son correctas.

25. d) Están producidas por alteraciones en la composición química de las estructuras que forman los tejidos.

26. a) En esta fase empiezan a aparecer los primeros síntomas.

27. e) a, b y d son correctas.

28. c) 1 minuto.

29. c) Antes, durante y después de realizar la higiene del paciente.

30. a) Eritema.

31. d) Usar cremas protectoras.

32. a) Toallas de papel.

33. d) La mascarilla hay que colocarla antes de realizar el lavado quirúrgico.

34. b) Bata rusa.

35. d) Calzas.

36. c) De algodón.

37. d) Debe realizarse como medida de higiene personal después de las tareas habituales y cotidianas.

38. c) Los dedos de la mano izquierda sólo deben tocar al guante por su cara interna.

39. a) Debe adaptarse bien a la fisionomía del individuo.

40. e) Todas son correctas.

41. c) Televisión.

42. c) Blanco.

43. d) 1 metro.

44. e) 1 metro.

45. c) Blanco mate.

46. a) 18-20ºC.

47. d) Trata de disminuir la incidencia de las enfermedades.

48. a) Primaria.

49. b) Prevención secundaria.

50. b) Incidencia.

51. c) Seppelli.

52. a) Un proceso de aprendizaje encaminado a modificar de manera favorable las actitudes y a influir en los hábitos higiénicos de la población.

53. b) Propugnar cambios en el medio ambiente.

54. d) Todas son correctas.

55. a) Bjarne Bruun Jeusen.

56. a) El comportamiento.

57. a) En 1926.

58. a) Bidireccionales.

59. c) La entrevista clínica.

60. c) Debe ser promovida por el propio grupo a la que va dirigida.

61. d) Subjetividad.

62. d) Para conocer lo que sabe el grupo sobre un tema, problema o situación determinada.

63. b) Panel.

64. c) Entrevista libre.

65. a) Utilizar una dicción clara.

66. d) Ilustradores.

67. b) Apariencia física.

68. a) 45 minutos.

69. d) Todas las anteriores son fases de Educación para la Salud.

70. c) Grupos de autoayuda.

71. a) Discusión en grupo y Panel.

72. c) Raza.

73. d) Son baratos.

74. c) Mazarrasa.

75. c) En 1953.

76. d) En todas las anteriores.

77. a) Prevención primaria.

78. a) Piaget.

79. a) Saber que hay pacientes con los que la relación puede ser muy distante.

80. a) El modelo democrático de Salud se basa en que la Enfermedad es un importante factor de cambio de conducta.

81. b) Wood.

82. d) Capacitar a los individuos para que puedan participar en la toma de decisiones sobre la Salud de su comunidad.

83. b) Métodos bidireccionales.

84. d) Didácticos.

85. e) La charla.

86. e) Alcanzan a un número elevado de personas y los mensajes no pueden ser diferenciados o específicos para cada grupo de población diaria.

87. e) Charla.

88. b) 45 minutos.

89. a) 3-4 miembros.

90. e) Permiten la repetición diaria o periódica del mensaje, hasta que se considere que éste ha producido el efecto deseado.

91. e) Todas son correctas.

92. c) Entrevista personal.

93. c) Facilitar la participación activa del paciente en el seguimiento y control de su enfermedad.

94. e) Todas son correctas.

95. a) Ayudar a desarrollar estilos de vida saludables.

96. a) Los profesores.

97. d) A un grupo de la comunidad.

98. c) Un programa específico de Educación Sanitaria.

99. c) Los estilos de vida.

100. e) Todos.

101. d) Esquizofrenia, tipo paranoide.

102. a) Inicio en menos de seis meses.

103. c) No debe acompañarse de la presencia de estrés agudo.

104. a) Aparece en la infancia.

105. e) El temor a la muerte inminente es más característico del trastorno por ansiedad generalizada.

106. c) Preparados inyectables de flufenacina, pipotiacina y zuclopentixol permiten espaciar el tiempo de las dosis.

107. b) Dopamina.

108. d) Aumento de la memoria.

109. d) Menos de 24 horas.

TEST Nº 4

MAD

CUIDADOS BÁSICOS DE ENFERMERÍA

1. La calidad de vida del anciano y su nivel de autoestima van a depender en gran medida de:

a) Su estado físico y funciones biológicas.
b) Su dimensión psíquica.
c) Sus recursos sociales.
d) La interacción entre los recursos biológicos, psíquicos y sociales.
e) Todas son correctas.

2. Las distintas escuelas que conviven en la actualidad sobre cuidados son:

a) Escuela de necesidades, escuela de interacción y escuela de objetivos.
b) Escuela de comunicación, escuela de objetivos y escuela de cuidados.
c) Escuela de necesidades, escuela de equilibrio y escuela de objetivos.
d) Escuela de Maslow, escuela de interacción y escuela de Erikson.
e) Ninguna es cierta.

3. El modelo de Virginia Henderson:

a) Pertenece a la escuela de objetivos.
b) Identifica catorce necesidades básicas.
c) Pertenece a la escuela de interacción.

d) b y c son correctas.
e) a y c son correctas.

4. El modelo más representativo de la escuela de objetivos es:

a) El modelo de Virginia Henderson.
b) El modelo de Hildegard Peplau.
c) El modelo de Callista Roy.
d) El modelo de Maslow.
e) Ninguna es cierta.

5. Desde el modelo de Callista Roy, los distintos estímulos a los que se enfrenta el paciente pueden ser:

a) Focales, contextuales y residuales.
b) Fisiológicos, de rol e independientes.
c) Focales, multidimensionales y fisiológicos.
d) Contextuales, holísticos e internos.
e) Todas son ciertas.

6. Uno de los principales conceptos surgidos desde la perspectiva holística es:

a) La multidimensionalidad.
b) La autorresponsabilidad
c) La relación con el entorno.
d) a, b y c son correctas.
e) Ninguna es correcta.

7. Para que el paciente realice el baño o ducha es necesario proporcionarle:

a) Dos toallas y jabón.
b) Pijama o camisón.
c) Bata.
d) Zapatillas.
e) Todo lo anterior.

8. Para realizar el baño del paciente encamado se necesita:

a) Que la temperatura del agua sea de 38°C.
b) Entremetida.
c) Tijeras de punta roma.
d) Hule.
e) Todos.

9. La temperatura de la habitación para la realización del baño al paciente encamado debe ser de:

a) 18°C.
b) 24°C.
c) 37°C.
d) 19°C.
e) 28°C.

10. Cuando el paciente se encuentra encamado, el baño completo en cama:

a) No debe realizarse a diario.
b) Debe realizarse todos los días.
c) Debe realizarse, como mínimo, dos veces al día.
d) No debe hacerse en ningún caso.
e) b y c.

11. El baño al paciente encamado hay que realizarlo por partes. Lo último que debe lavarse son:

a) Las extremidades inferiores.
b) Espalda y nalgas.
c) Genitales externos.
d) Manos.
e) Brazos y manos.

12. El baño al paciente encamado hay que realizarlo por partes. Lo primero que debe lavarse son:

a) Las extremidades inferiores.
b) Espalda y nalgas.
c) Cara, cuello y orejas.
d) Manos.
e) Brazos y manos.

13. El orden a seguir para realizar el baño al paciente encamado es:

a) Cara, cuello y orejas - Brazos y manos - Tórax - Abdomen – Extremidades inferiores - Genitales externos - Espalda y nalgas.

b) Cara, cuello y orejas - Brazos y manos - Tórax - Abdomen - Espalda y nalgas - Extremidades inferiores - Genitales externos.

c) Brazos y manos - Cara, cuello y orejas - Tórax - Abdomen - Extremidades inferiores - Espalda y nalgas - Genitales externos.

d) Todas son correctas puesto que no tiene importancia el orden en que se realice.
e) Todas las respuestas anteriores son falsas.

14. Para el lavado o higiene de los genitales externos:

a) Se precisa una cuña.
b) Se hace siempre en la dirección de ano a genitales externos.
c) Se suele usar un antiséptico en lugar de jabón.
d) Se hace siempre en la dirección de genitales externos a región anal.
e) a, c y d.

15. Para realizar la higiene del cabello en un paciente encamado hay que colocarle en la posición de:

a) Roser.
b) Morestin.
c) Sims.
d) Fowler
e) Ninguna.

16. Para el lavado del cabello del paciente encamado se precisa entre otras cosas:

a) Algodón.
b) Toallas.
c) Hule.
d) Palangana.
e) Todas.

17. Para la higiene de la boca del paciente encamado se precisa, entre otras cosas:

a) Gasas.
b) Batea.
c) Cepillo y seda dental.
d) Solución antiséptica.
e) Todos.

18. En el lavado higiénico de la boca del paciente inconsciente se precisa:

a) Cepillo dental.
b) Seda dental.
c) Pinza de Kocher.

d) a y b.
e) Todas.

19. Es necesario para el lavado higiénico de la boca del paciente inconsciente:

a) Solución antiséptica.
b) Lubricante.
c) Gasas.
d) Depresor lingual.
e) Todos.

20. Generalmente la temperatura del agua para el aseo e higiene del paciente, salvo excepciones es de:

a) 17ºC.
b) 27ºC.
c) 37ºC.
d) 47ºC.
e) 57ºC.

21. Una de las siguientes afirmaciones es correcta. Señálela:

a) La ducha tiene un efecto relajante.
b) El baño tiene un efecto estimulante.
c) Para realizar el aseo del paciente encamado hay que desnudarlo completamente.
d) En caso de fiebre el baño debe ser tibio o frío con el fin de bajar la temperatura corporal.
e) Cuando se realiza el aseo de un paciente hay que enjabonar todo su cuerpo, a continuación enjuagarlo y después secarlo.

22. En el aseo del paciente encamado lo último que debe lavarse es:

a) Las piernas y pies.
b) La región genital.
c) Ojos.
d) Espalda y nalgas.
e) No importa el orden en que se haga el lavado.

23. El lavado de los genitales del paciente encamado se realiza:

a) De atrás hacia delante (de ano a pubis).
b) De delante hacia atrás (de pubis a ano).

c) Colocando una cuña debajo de la pelvis).
d) a y c.
e) b y c.

24. La higiene bucal de un paciente inconsciente debe hacerse:

a) Con la cabeza boca arriba.
b) Con la cabeza ladeada.
c) Con cepillo dental.
d) Con torunda.
e) b y d.

25. La duración media de un baño al recién nacido es de:

a) 2 a 3 minutos.
b) 3 a 4 minutos.
c) 5 a 7 minutos.
d) 8 a 10 minutos.
e) 10 a 12 minutos.

26. ¿Cuál de las siguientes características no pertenecen a la cuna?

a) Debe ser fija.
b) Sin ruedas para evitar su desplazamiento.
c) El colchón será duro.
d) El colchón se encontrará siempre protegido con una funda impermeable.
e) No debe contener mucha ropa.

27. En la aparición de Úlceras por Decúbito intervienen fuerzas de:

a) Presión.
b) Fricción.
c) Cizallamiento.
d) Todas.
e) Ninguna.

28. En las Úlceras por Presión, el estadio III se caracteriza por la aparición de:

a) Eritema local.
b) Vesículas.
c) Necrosis franca.
d) Herida abierta.
e) Ninguna de las respuestas es correcta.

29. En el proceso de evolución hacia la Úlcera por Decúbito, empieza a afectarse la dermis en el estadio:

a) I.
b) II.
c) III.
d) IV.
e) V.

30. Las Úlceras por Decúbito aparecen sobre todo en las zonas de presión entre las que se encuentra:

a) Cresta ilíaca.
b) Talones.
c) Maléolos externos.
d) Trocánter.
e) Todos los anteriores.

31. Se considera factor de riesgo en la aparición de una Úlcera por Decúbito:

a) Parálisis.
b) Diabetes.
c) Incontinencia.
d) Inmovilidad.
e) Todos.

32. La causa última desencadenante de una Úlcera por Decúbito es:

a) Parálisis.
b) Diabetes.
c) Incontinencia.
d) Isquemia.
e) Se desconoce.

33. En la evolución de la Úlcera por Decúbito la escara aparece en el estadio:

a) I.
b) II.
c) III.
d) IV.
e) En cualquiera.

34. En los pacientes geriátricos se consideran factores de riesgo en la aparición de Úlcera por Decúbito:

a) Edad.
b) Diabetes.
c) Demencia.
d) Arteriosclerosis.
e) Todas.

35. En los pacientes jóvenes ¿cuál de los siguientes no suele ser un factor de riesgo para la Úlcera por Decúbito?

a) Edad.
b) Arteriosclerosis.
c) Inmovilidad por encamamiento largos periodos de tiempo.
d) a y b.
e) Todas.

36. El desbridamiento de la placa necrótica de una Úlcera por Decúbito se realiza:

a) Con el uso del bisturí y la tijera.
b) Por procedimiento químico (enzimático).
c) Mediante láser.
d) Por cualquiera de los anteriores.
e) Por ninguno de los anteriores.

37. En pacientes encamados que presentan Úlceras por Decúbito los cambios posturales suelen realizarse cada:

a) 15 minutos.
b) Media hora.
c) 2 horas.
d) 8 horas.
e) 12 horas.

38. Al paciente que presenta Úlcera por Decúbito o riesgo de padecerla hay que:

a) Lavarle la piel con jabón neutro.
b) Aplicarle cremas hidratantes ricas en vitamina A.
c) Mantenerle la cama muy limpia y las sábanas estiradas sin arrugas.
d) Todas.
e) Ninguna.

39. En el proceso de formación de la Úlcera por Presión sólo está afectada la epidermis en el estadio:

a) I.
b) II.
c) III.
d) IV.
e) En ninguno.

40. El desbridamiento más efectivo y rápido es:

a) Quirúrgico.
b) Autolítico.
c) Osmótico.
d) Enzimático.
e) Todos son iguales de efectivos.

41. Siguiendo a Jordan y Clark, las úlceras de la Región Sacra se distribuyen en tantos por cien según su frecuencia de aparición. Señala la opción correcta:

a) 10%.
b) 15%.
c) 20%.
d) 30%.
e) 40%.

42. De las siguientes localizaciones de las úlceras por decúbito, ¿cuál es la más frecuente?

a) Talones.
b) Región Sacra.
c) Tuberosidad isquiática.
d) Caderas.
e) Codos.

43. Una persona que presenta una puntuación de 14 en la Escala de Norton tendría:

a) Alto riesgo de aparición de úlceras.
b) La úlcera ya establecida.
c) Posibilidades de formación de úlceras por decúbito.
d) Afectación del estado mental.
e) Afectación de la movilidad.

44. La fase de la formación de una úlcera por decúbito que se caracteriza por la aparición de erosión y/o flictena se denomina:

a) Fase eritematosa.
b) Fase escoriativa.
c) Fase necrótica primaria.
d) Fase necrótica secundaria.
e) Fase subdérmica.

45. Según la Escala de Norton una persona que se encuentra confusa puntuaría en el apartado de Estado Mental como:

a) 0.
b) 1.
c) 2.
d) 3.
e) 4.

46. La *Agency for Health Care and Research* describe varios estadios o fases para la formación de úlceras por presión. ¿Cuántos indica?

a) 1.
b) 2.
c) 3.
d) 4.
e) 5.

47. La forma y manera de proporcionar al organismo los alimentos que precisa se conoce como:

a) Nutrición.
b) Dieta.
c) Alimentación.
d) Nutrientes.
e) Todas las respuestas anteriores son falsas.

48. La nutrición es:

a) Un proceso voluntario.
b) Un proceso involuntario.
c) Un proceso consciente.
d) Un proceso inconsciente.
e) b y d son correctas.

49. Educar para la Salud en materia alimentaria y nutricional exige tener en cuenta que las personas deben:

a) Adquirir el conocimiento adecuado.
b) Desarrollar la capacidad para la acción.
c) Ser capaces de transformar el valor de la responsabilidad en capacidades concretas.
d) Todas las respuestas anteriores son correctas.
e) Ninguna de las respuestas anteriores es correcta.

50. Pertenecen al grupo III de alimentos:

a) Patatas.
b) Azúcar.
c) Huevos.
d) Frutas.
e) Todas.

51. El aceite pertenece al grupo de alimentos:

a) I.
b) II.
c) VII.
d) V.
e) VI.

52. Son ricos en Hidratos de Carbono:

a) Verduras.
b) Patatas.
c) Carnes.
d) Frutas.
e) Huevos.

53. Pertenece al grupo de los alimentos energéticos:

a) Carne.
b) Yogur.
c) Verduras.
d) Todos los anteriores.
e) Ninguno de los anteriores.

54. De la parte sólida de la leche, ¿qué proporción corresponde a las grasas?

a) 10%.
b) 3,3%.

c) 4,5%.
d) 3-4%.
e) Ninguna.

55. Una Kilocaloría es:

a) Una Caloría.
b) Una caloría.
c) Mil veces mayor que la Caloría.
d) Todas son falsas.
e) Todas son correctas.

56. Al ser quemado en el organismo como combustible metabólico:

a) 1 gr de grasa produce 9 Calorías.
b) 1 gr de proteínas produce 9 Calorías.
c) 1 gr de carbohidratos produce 4 Calorías.
d) a y c.
e) Todas las respuestas anteriores son correctas.

57. Es imprescindible tomar en la dieta:

a) aa esenciales.
b) aa no esenciales.
c) Tirosina.
d) Cistina.
e) Prolina

58. Es un aa esencial:

a) Cisteína.
b) Hidroxiprolina.
c) Triptófano.
d) Alanina.
e) Serina.

59. Es una vitamina liposoluble:

a) K.
b) E.
c) D.
d) A.
e) Todas.

60. En la prescripción de dieta absoluta el paciente:

a) Puede tomar agua.
b) Puede tomar una dieta líquida.
c) No puede tomar nada.
d) Debe permanecer con dieta sólida.
e) a y b.

61. ¿Cuál de las afirmaciones siguientes es correcta?

a) Una dieta absoluta suele mantenerse 24-48 h.
b) Las dietas blandas se preparan basándose en grasas líquidas (aceites).
c) Después de una dieta absoluta, la tolerancia se empieza probando con dieta blanda.
d) Los trastornos intestinales que cursan con evacuaciones frecuentes precisan dieta laxante.
e) El control, reparto y registro de comidas de los pacientes hospitalizados corresponde al Celador.

62. Los pacientes que sufren aterosclerosis tienen prohibidos algunos alimentos. Señálelos Ud:

a) Carnes grasas.
b) Embutidos.
c) Leche entera.
d) Queso graso.
e) Todos.

63. En el Síndrome Nefrótico:

a) Hay hipertensión.
b) Hay albuminuria.
c) Hay edema.
d) Se pueden dar proteínas en la dieta.
e) b, c y d son correctas.

64. En la Glomerulonefritis aguda difusa:

a) Hay albuminuria.
b) Hay hipertensión.
c) Hay edema.
d) No se pueden dar proteínas en cantidades normales, sino que hay que restringir el aporte.
e) Todas las respuestas anteriores son correctas.

65. El aporte energético de una dieta para un enfermo diabético:

a) Debe satisfacer las necesidades nutricionales.
b) Debe ser inferior a las necesidades nutricionales.
c) Debe realizarse restringiendo el aporte de hidratos de carbono y aumentando el de grasas y proteínas.
d) a y c.
e) b y c.

66. La determinación antropométrica más corrientemente utilizada, que permite valorar el estado nutricional de las personas es:

a) Perímetro braquial.
b) Peso.
c) Pliegues cutáneos.
d) Talla.
e) Aspecto de la piel.

67. En una dieta para un paciente con enfermedad gastrointestinal, no se debe incluir:

a) La pasta.
b) Los cereales cocidos.
c) La fritura.
d) La leche.
e) El pescado.

68. Una dieta para pacientes con enfermedades ateroscleróticas debe incluir:

a) Mantequilla.
b) Carne de cordero.
c) Quesos grasos.
d) Repostería.
e) Legumbres.

69. La primera recomendación a un paciente hipertenso sobre su dieta es:

a) No tomar yogur desnatado.
b) No tomar sal.
c) No tomar huevo.
d) No tomar productos lácteos.
e) No tomar pescado.

70. El valor energético de 1 gramo de proteínas es de:

a) 4 kilocalorías.
b) 6 kilocalorías.
c) 7 kilocalorías.
d) 8 kilocalorías.
e) 9 kilocalorías.

71. A los hidratos de carbono se les conoce también como:

a) Azúcares.
b) Lípidos.
c) Glúcidos.
d) Prótidos.
e) a y c.

72. Cumplen funciones energéticas en el organismo:

a) Las grasas.
b) Los hidratos de carbono.
c) Los lípidos.
d) Los glúcidos.
e) Todos.

73. La proteína es un nutriente con función:

a) Reguladora.
b) Energética.
c) Plástica.
d) Todas.
e) Sólo a y b.

74. El valor energético correspondiente a 1 gr de glúcidos es de:

a) 4 kilocalorías.
b) 6 kilocalorías.
c) 8 kilocalorías.
d) 9 kilocalorías.
e) 10 kilocalorías.

75. El grupo de las frutas, verduras y hortalizas aportan al organismo humano, como nutrientes más significativos:

a) Vitaminas y sales minerales.
b) Lípidos.

c) Hidratos de carbono.
d) Proteínas.
e) Calcio.

76. Las carnes, pescados y huevos aportan al organismo, de manera principal:

a) Vitaminas.
b) Oligoelementos.
c) Proteínas.
d) Grasas.
e) Glúcidos.

77. En la composición y estructura de los hidratos de carbono no forma parte:

a) C.
b) H.
c) O.
d) N.
e) Todos forman parte.

78. Está en el grupo de los alimentos plásticos:

a) La leche y sus derivados.
b) Huevos.
c) Carne y pescado.
d) Todos.
e) Ninguno.

79. Pertenecen al grupo de los alimentos energéticos:

a) Aceites.
b) Azúcares.
c) Cereales y legumbres.
d) Tubérculos.
e) Todos.

80. Una dieta pobre en residuos es:

a) Laxante.
b) Astringente.
c) Hipocalórica.
d) Ligera.
e) Ninguna.

Solución al test nº 4

1. d) La interacción entre los recursos biológicos, psíquicos y sociales.

2. a) Escuela de necesidades, escuela de interacción y escuela de objetivos.

3. b) Identifica catorce necesidades básicas.

4. c) El modelo de Callista Roy.

5. a) Focales, contextuales y residuales.

6. d) a, b y c son correctas.

7. e) Todo lo anterior.

8. e) Todos.

9. b) 24°C.

10. b) Debe realizarse todos los días.

11. c) Genitales externos.

12. c) Cara, cuello y orejas.

13. b) Cara, cuello y orejas - Brazos y manos - Tórax - Abdomen - Espalda y nalgas - Extremidades inferiores - Genitales externos.

14. e) a, c y d.

15. a) Roser.

16. e) Todas.

17. e) Todos.

18. c) Pinza de Kocher.

19. e) Todos.

20. c) 37ºC.

21. d) En caso de fiebre el baño debe ser tibio o frío con el fin de bajar la temperatura corporal.

22. b) La región genital.

23. e) b y c.

24. e) b y d.

25. c) 5 a 7 minutos.

26. b) Sin ruedas para evitar su desplazamiento.

27. d) Todas.

28. d) Herida abierta.

29. b) II.

30. e) Todos los anteriores.

31. e) Todos.

32. d) Isquemia.

33. d) IV.

34. e) Todas.

35. d) a y b.

36. d) Por cualquiera de los anteriores.

37. c) 2 horas.

38. d) Todas.

39. a) I.

40. a) Quirúrgico.

41. e) 40%.

42. b) Región Sacra.

43. c) Posibilidades de formación de úlceras por decúbito.

44. b) Fase escoriativa.

45. c) 2.

46. d) 4.

47. c) Alimentación.

48. e) b y d son correctas.

49. d) Todas las respuestas anteriores son correctas.

50. a) Patatas.

51. c) VII.

52. b) Patatas.

53. e) Ninguno de los anteriores.

54. d) 3-4%.

55. a) Una Caloría.

56. d) a y c.

57. a) aa esenciales.

58. c) Triptófano.

59. e) Todas.

60. c) No puede tomar nada.

61. a) Una dieta absoluta suele mantenerse 24-48 h.

62. e) Todos.

63. e) b, c y d son correctas.

64. e) Todas las respuestas anteriores son correctas.

65. d) a y c.

66. b) Peso.

67. c) La fritura.

68. e) Legumbres.

69. b) No tomar sal.

70. a) 4 kilocalorías.

71. e) a y c.

72. e) Todos.

73. c) Plástica.

74. a) 4 kilocalorías.

75. a) Vitaminas y sales minerales.

76. c) Proteínas.

77. d) N.

78. d) Todos.

79. e) Todos.

80. b) Astringente.

TEST Nº 5

EL PACIENTE TERMINAL

1. Se considera enfermedad terminal aquella:

a) Que tiene un pronóstico de vida inferior a 8 meses.
b) Que tiene un pronóstico de vida inferior a 10 meses.
c) Que tiene un pronóstico de vida inferior a 6 meses.
d) Que tiene un pronóstico de vida inferior a 12 meses.
e) Que tiene un pronóstico de vida inferior a 18 meses.

2. Entre las bases de la terapéutica para la atención a los enfermos terminales que describe la SECPAL destaca:

a) Atención integral, individualizada y continua.
b) El enfermo y su familia constituyen una red objeto de atención.
c) La promoción de la autonomía y la dignidad del enfermo.
d) Concepción terapéutica positiva.
e) Todas son correctas.

3. ¿Cuál de los siguientes síntomas que padece un enfermo terminal no puede ser controlado?

a) Dolor.
b) Diarrea.
c) Caquexia.

d) Debilidad.
e) Ansiedad.

4. La vía prioritaria para el tratamiento del enfermo terminal es:

a) Oral.
b) Rectal.
c) Intradérmica.
d) Intramuscular.
e) Intravenosa.

5. De los siguientes síntomas que pueden aparecer en un enfermo terminal, ¿cuál se puede controlar?

a) Parálisis.
b) Debilidad.
c) Insomnio.
d) Incontinencia.
e) Todos son controlables.

6. De los siguientes tipo de cánceres, ¿cuál es el más doloroso?

a) Cáncer de Hígado.
b) Cáncer de Páncreas.
c) Cáncer de Próstata.
d) Cáncer de Hueso.
e) Cáncer de Pulmón.

7. Según la escalera analgésica propuesta por la OMS, el primer escalón estaría formado por:

a) Fármacos opiáceos débiles.
b) Fármacos opiáceos fuertes.
c) Fármacos coadyuvantes.
d) Fármacos no opiáceos.
e) Fármacos derivados de la Morfina.

8. Entre los fármacos opiáceos débiles se encuentra:

a) Ácido acetil-salicílico.
b) Morfina.
c) Paracetamol.
d) Dihidrocodeína.
e) Metadona.

9. Cuando existe una intolerancia a la morfina esta se sustituye por:

a) Tramadol.
b) Heroína.
c) Metadona.
d) Buprenorfina.
e) Codeína.

10. Si un paciente tomaba morfina oral y se le prescribe morfina parenteral se debe disminuir la dosis en:

a) 1/10 parte.
b) 1/7 parte.
c) 1/5 parte.
d) 1/3 parte.
e) Se deja igual.

11. El fármaco opiáceo más potente utilizado en el régimen hospitalario es:

a) Morfina.
b) Heroína.
c) Codeína.
d) Dihidrocodeína.
e) Cocaína.

12. Entre los efectos producidos por la morfina no se encuentran:

a) Náuseas y vómitos.
b) Diarreas.
c) Somnolencia.
d) Mioclonía.
e) Síntomas confusionales.

13. En la comunicación del profesional sanitario con el paciente con dolor destaca:

a) Empatizar.
b) Reforzar.
c) Informar.
d) Técnica de la retirada de atención.
e) Todas son correctas.

14. Si tenemos que utilizar varios fármacos para el tratamiento del dolor se preferirá:

a) Morfina y heroína.
b) Aspirina y paracetamol.

c) Morfina y codeína.
d) Metadona y dihidrocodeína.
e) Morfina y paracetamol.

15. Entre los fármacos coadyuvantes utilizados en el control de los síntomas del paciente terminal destacan:

a) Corticoides.
b) Antidepresivos.
c) Anticonvulsivantes.
d) Fenotiacinas.
e) Todas son correctas.

16. Si un paciente terminal presenta vómitos y náuseas se tratará con:

a) Corticoides.
b) Antidepresivos.
c) Anticonvulsivantes.
d) Antieméticos.
e) Relajantes musculares.

17. Para eliminar la ansiedad que puede presentar un paciente terminal se utiliza:

a) Diacepan.
b) Clorpromacina.
c) Carbamacepina.
d) Clorimipramina.
e) Dexametasona.

18. El vómito producido por una hipertensión intracraneal se trata con:

a) Diacepan.
b) Metoclopramida.
c) Ranitidina.
d) Dexametasona.
e) Domperidona.

19. El efecto secundario más frecuente en aquellos pacientes tratados con morfina es:

a) Boca seca.
b) Estreñimiento.
c) Astenia.

d) Sudoración.
e) Prurito.

20. En el estreñimiento, la metilcelulosa actúa:

a) Aumentando el volumen de la masa fecal.
b) Reblandeciendo la masa fecal con el paso de agua.
c) Aumentando la presión osmótica a nivel de la luz intestinal, al ser mayor el paso del agua.
d) Estimulando el peristaltismo.
e) a y b son correctas.

21. Para el tratamiento del estreñimiento provocado por opioides se utiliza:

a) Salvado.
b) Metilcelulosa.
c) Parafina.
d) Lactulosa.
e) Senosidos.

22. Para evitar o tratar la anorexia que puede aparecer en el enfermo terminal no está indicado:

a) Cuidar la presentación de los platos.
b) Administrar complejos vitamínicos.
c) Comer frecuentemente y en pocas cantidades.
d) Administrar corticoides por vía oral para aumentar el apetito.
e) Condimentar los alimentos dependiendo del gusto del paciente.

23. Entre las causas de disnea potencialmente reversibles en pacientes terminales, no se incluye:

a) Broncoespasmo.
b) Insuficiencia cardíaca congestiva.
c) Crecimiento tumoral.
d) Síndrome de compresión de la vena cava superior.
e) Ansiedad.

24. La ansiedad aparece en enfermos terminales en un:

a) 5%.
b) 10%.
c) 20%.

d) 30%.
e) 50%.

25. En el tratamiento de la ansiedad, una benzodiacepina de vida media larga es:

a) Diacepam.
b) Loracepam.
c) Alprazomal.
d) Lormetacepam.
e) Fluracepam.

26. Para la sedación en caso de agitación agónica se utiliza preferentemente:

a) Diacepam.
b) Loracepam.
c) Midazolam.
d) Alprazomal.
e) Fluracepam.

27. Para controlar el insomnio sin ansiedad importante en pacientes terminales se puede utilizar:

a) Diacepam.
b) Loracepam y Lormetacepam.
c) Midazolam.
d) Haloperidol.
e) Clorpromacina.

28. El Alprazomal se suele utilizar en pacientes con:

a) Crisis de pánico.
b) Crisis de ansiedad y problemas hepáticos.
c) Insomnio.
d) Agitación agónica.
e) Síntomas psicóticos acompañados de ansiedad.

29. Entre las causas reversibles de la incontinencia urinaria destaca:

a) Arreflexia vesical.
b) Laxitud de la musculatura del suelo pélvico.
c) Incontinencia de estrés.
d) Alteraciones psicológicas.
e) Incontinencia por rebosamiento.

30. El espasmo vesical está en relación con espasmos del músculo:

a) Obturador.
b) Detrusor.
c) Glúteo mayor.
d) Abductor.
e) Serratio.

31. De entre los siguientes antiinflamatorios no esteroideos, ¿cuál es el que tiene un mayor efecto antipirético?

a) Piroxicam.
b) Diclofenaco.
c) Indometacina.
d) Ibuprofeno.
e) Naproxeno.

32. El principal objetivo de los cuidados de Enfermería a un enfermo terminal es:

a) Prevenir las complicaciones.
b) Evaluar la respuesta al tratamiento.
c) Mejorar la calidad de vida del paciente.
d) Valorar el estado de disconfort del paciente.
e) Crear un clima de confianza entre el enfermero y el paciente.

33. Entre las actividades realizadas por Enfermería para la higiene diaria del paciente terminal destaca:

a) Aprovechar el momento en el que el paciente esté más fuerte o animado.
b) Respetar su intimidad.
c) Utilizar sus propios efectos personales.
d) Ayudarle en los cuidados de la piel, cabello, uñas e higiene bucal.
e) Todas son correctas.

34. ¿Cada cuánto tiempo se realizan cambios posturales a un enfermo en situación agónica o preagónica?

a) Cada hora.
b) Cada 2 horas.
c) Cada 3 horas.
d) Cada 4 horas.
e) A un enfermo en fase agónica o preagónica no se le realizan cambios posturales.

35. Entre los problemas de eliminación del enfermo terminal destacan:

a) Estreñimiento.
b) Diarrea.
c) Incontinencia fecal.
d) Incontinencia urinaria.
e) Todas son correctas.

36. Son signos precoces de muerte, todos excepto:

a) No hay movimientos respiratorios ni ruidos ventilatorios.
b) Aparición de livideces.
c) No se ausculta latido cardiaco.
d) El pulso desaparece a la palpación.
e) El electrocardiograma aparece plano.

37. Son signos tardíos de muerte:

a) Rigidez cadavérica.
b) Putrefacción cadavérica.
c) Enfriamiento del cadáver.
d) No hay movimiento de elevación y descenso del tórax y abdomen.
e) a, b y c son correctas.

38. El término de Exitus, para referirse al fallecimiento es frecuente utilizarlo en:

a) El lenguaje coloquial.
b) Partes de defunción.
c) Historias Clínicas.
d) b y c son correctas.
e) a, b y c son correctas.

39. ¿Cuál de los signos precoces de muerte se considera más certero de que esta se ha producido?

a) La ausencia de latido cardiaco.
b) Electroencefalograma plano.
c) Ausencia de pulso.
d) Ausencia de tono muscular.
e) Ausencia de movimientos torácicos.

40. Para el amortajamiento del cadáver se precisa preparar:

a) Guantes, bata y mascarilla.
b) Toallas.

c) Útiles de aseo.
d) Carro de curas.
e) Todo lo anterior.

41. Con respecto a la toma de muestras para estudios microbiológicos no es cierto que:

a) La muestra debe ser representativa del proceso infeccioso.
b) Deben tomarse en dispositivos estériles y herméticos.
c) Todas las muestras deben ser transportadas lo antes posible al Laboratorio de Bioquímica.
d) Debe recogerse una cantidad suficiente para asegurar un examen apropiado.
e) Cada recipiente conteniendo la muestra deberá ir identificado.

42. ¿Cuál es la principal desventaja de la recogida de muestras utilizando un hisopo?

a) La escasa cantidad de muestra que se toma.
b) Son caros.
c) La recogida de muestras es dificultosa.
d) El transporte de la muestra es dificultoso.
e) c y d son correctas.

43. El frasco para la recogida de orina de 24 horas tiene una capacidad de:

a) 1/4 litro.
b) 1/2 litro.
c) 1 litro.
d) 2 litros.
e) 3 litros.

44. La extracción de sangre para cultivo se denomina:

a) Hemograma.
b) Hemocultivo.
c) Gasometría.
d) Hemobiograma.
e) Hematografía.

45. Un antibiograma es:

a) Un hemocultivo para gérmenes aerobios.
b) Un estudio parasitológico.
c) Antibióticos a los que el germen detectado es sensible.

d) Antibióticos a los que el germen detectado es resistente.
e) c y d son correctas.

46. Una punción capilar se realiza:

a) En el pulpejo del dedo.
b) Vena superficial del cráneo.
c) Arteria radial.
d) Vena cefálica.
e) Vena cubital.

47. Para realizar una extracción venosa (si el estudio a realizar es bioquímico) el paciente debe estar en ayunas:

a) De 4 a 6 horas.
b) De 6 a 8 horas.
c) De 10 a 12 horas.
d) De 14 a 16 horas.
e) De 16 a 18 horas.

48. Si para un hemocultivo no se envían inmediatamente las muestras al laboratorio, se mantendrán en una estufa de cultivo a una temperatura de:

a) 30-31ºC.
b) 32-33 º C.
c) 34-35 ºC.
d) 36-37 ºC.
e) 38-39ºC.

49. ¿Qué vena se utiliza en niños lactantes para realizar una extracción venosa?

a) Basílica.
b) Yugular externa.
c) Cefálica.
d) Cubital.
e) Todas se utilizan por igual.

50. ¿Cuál de las siguientes afirmaciones con respecto a la gasometría arterial no es correcta?

a) Para su realización, la extremidad del paciente debe estar lo más extendida posible.
b) La cantidad usual para una muestra es de 2 a 4 ml.

c) La muestra recogida debe ser enviada de forma inmediata al laboratorio.
d) La inserción de la aguja debe hacerse en un ángulo de 45ºC.
e) Todas son correctas.

51. Con respecto a la gasometría arterial, es cierto que:

a) Se realiza para medir la presión de los gases en sangre.
b) El sitio más utilizado para este tipo de extracción es la arteria femoral.
c) No es necesario heparinizar la jeringa antes de su realización.
d) La arteria se palpa con los dedos pulgar e índice.
e) Una vez recogida la muestra, se conservará en la nevera a una temperatura de 2ºC.

52. Cuando una muestra de esputo no se envía rápidamente después de su recogida al laboratorio, habrá que conservarlo en la nevera a una temperatura de:

a) 4ºC.
b) 3ºC.
c) 2ºC.
d) Las muestras de esputos hay que mandarlas al laboratorio siempre inmediatamente después de su recogida.
e) 1ºC.

53. Para facilitar la expectoración:

a) Se pide al enfermo que tosa a la vez que le golpeamos suavemente en la zona que se sospeche de patología pulmonar.
b) Se administran al enfermo nebulizadores de una solución hipertónica de cloruro sódico (5-10%).
c) Ala vez que el enfermo tose, se le golpea en la zona opuesta a la de patología pulmonar.
d) Se administran al enfermo nebulizadores de una solución hipotónica de cloruro sódico (5-10%).
e) a y b son correctas.

54. Para analizar una muestra de esputo se recomienda obtener un volumen de:

a) 1-2 ml.
b) 2-4 ml.
c) 5-10 ml.
d) 12-15 ml.
e) 17-20 ml.

55. El estudio microbiológico de heces se denomina:

a) Fecocultivo.
b) Coprocultivo.
c) Urocultivo.
d) Paracultivo.
e) Oxicultivo.

56. ¿Qué cantidad mínima de heces es necesario recoger para su análisis?

a) Entre 10-15 gramos en caso de que sean pastosas.
b) Entre 2-4 ml en caso de que sean líquidas.
c) Entre 4-5 gramos en caso de que sean pastosas.
d) Entre 7-9 gramos en caso de que sean pastosas.
e) Entre 5-10 ml en caso de que sean líquidas.

57. Una vez recogida la muestra de heces, se enviará al laboratorio en un periodo inferior a:

a) 30 minutos.
b) 20 minutos.
c) 15 minutos.
d) 10 minutos.
e) 5 minutos.

58. En un estudio parasitológico de heces hay que tomar al menos:

a) Cuatro muestras en días distintos.
b) Cuatro muestras el mismo día.
c) Tres muestras en días distintos.
d) Dos muestras el mismo día.
e) Con una muestra es suficiente.

59. ¿Cuál de los siguientes alimentos no está contraindicado para poder tomar una muestra de heces para su estudio parasitológico?

a) Coles.
b) Tomates.
c) Fresas.
d) Peras.
e) Carne de pollo.

60. Las heces que no se envían directamente al laboratorio se conservan en recipientes con:

a) Alcohol yodado.
b) Éter.

c) Agua oxigenada.
d) Alcohol polivinílico.
e) Nitrógeno líquido.

61. ¿A qué temperatura se conservan las heces para su estudio parasitológico hasta ser enviadas al laboratorio?

a) 50 °C.
b) 40 °C.
c) 30 °C.
d) 20 °C.
e) A temperatura ambiente.

62. ¿Cuál de los siguientes medicamentos no deberá tomar el paciente al cual hay que recogerle una muestra de heces para la determinación de sangre oculta?

a) Compuestos de carbón vegetal.
b) Aspirina.
c) Compuestos de bario.
d) Supositorio de glicerina.
e) Benzonaftol.

63. Para determinar la sangre oculta en heces se procederá a recoger:

a) Cuatro muestras de lugares distintos en dos deposiciones consecutivas.
b) Tres muestras de lugares distintos en dos deposiciones consecutivas.
c) Dos muestras de lugares distintos en tres deposiciones consecutivas.
d) Tres muestras de lugares distintos en cuatro deposiciones consecutivas.
e) Cinco muestras de lugares distintos en dos deposiciones consecutivas.

64. Para tomar una muestra para la determinación de principios inmediatos en heces, el enfermo deberá incluir tres días antes en la dieta:

a) 200 gramos de patatas.
b) 200 gramos de legumbres.
c) 150 gramos de carne a la plancha.
d) 100 gramos de frutas.
e) 300 gramos de mantequilla.

65. ¿Cuál es la posición que debe adoptar el paciente para realizarle una punción lumbar?

a) Posición genupectoral.
b) Posición fetal.

c) Posición de Sims.
d) Posición antitrendelenburg.
e) Posición de decúbito prono.

66. ¿Quién es la persona encargada de realizar una punción lumbar?

a) El médico anestesista.
b) El diplomado de Enfermería.
c) El auxiliar de Enfermería.
d) El facultativo.
e) Cualquiera de los anteriores.

67. ¿Qué dieta seguirá un paciente en las cuatro horas siguientes a la realización de una punción lumbar?

a) Dieta líquida.
b) Dieta blanda.
c) Dieta semilíquida.
d) Dieta semiblanda.
e) Dieta absoluta.

68. ¿Qué volumen mínimo de exudado es necesario recoger de una herida para su posterior estudio?

a) Entre 1 y 10 ml.
b) Entre 10 y 12 ml.
c) Entre 12 y 14 ml.
d) Entre 14 y 16 ml.
e) Entre 16 y 18 ml.

69. ¿Qué volumen mínimo de exudado es necesario recoger de un absceso para su posterior estudio?

a) Entre 1 y 10 ml.
b) Entre 5 y 10 ml.
c) Entre 12 y 15 ml.
d) Entre 15 y 18 ml.
e) Entre 3 y 4 ml.

70. Si la muestra de exudado de un absceso no se puede enviar al laboratorio inmediatamente después de su recogida, se debe conservar en estufa a una temperatura:

a) Entre 28 y 30ºC.
b) Entre 32 y 34ºC.

c) Entre 35 y 37ºC.
d) Entre 38 y 40ºC.
e) Más de 70ºC.

71. Para tomar una muestra de un absceso bucal utilizaremos:

a) Torunda normal.
b) Hisopo.
c) Torunda de alginato cálcico.
d) Jeringa.
e) Ninguna es correcta.

72. Tras la recogida de muestra de un exudado de garganta, se enviará al laboratorio en un período no superior a:

a) 30 minutos.
b) Una hora.
c) Dos horas.
d) Tres horas.
e) Cuatro horas.

73. La muestra uretral se tomará después de lavar el meato, introduciendo la torunda dentro de la uretra, aproximadamente:

a) 2-4 cm.
b) 5-6 cm.
c) 7-8 cm.
d) 9-10 cm.
e) 12-14 cm.

74. Para tomar una muestra de exudado de un absceso es necesario utilizar:

a) Antiséptico.
b) Paños estériles.
c) Jeringa.
d) Frasco estéril.
e) Todas son correctas.

75. Después de realizar una punción lumbar se colocará al paciente en posición de:

a) Decúbito prono.
b) Decúbito lateral derecho.
c) Decúbito supino.

d) Decúbito lateral izquierdo.
e) Sims.

76. El lugar de punción lumbar más frecuente es:

a) Entre L4 y L5.
b) Entre L2 y L3.
c) Entre L3 y L5.
d) Entre L5 y L6.
e) Entre L3 y L4.

77. ¿Cuál de los siguientes alimentos no puede ingerir un paciente al que se le va a tomar una muestra para determinar sangre oculta en heces?

a) Verduras.
b) Pan integral.
c) Naranja.
d) Nueces.
e) Todos los alimentos anteriores los puede tomar el paciente.

78. La preparación válida para la realización de la determinación analítica de sangre oculta en heces se realiza por el método de:

a) Coprocultivo.
b) Hemograma.
c) Fecocultivo.
d) Hemocultivo.
e) Ninguna es correcta.

79. Durante una punción lumbar se debe prestar especial atención a:

a) Frecuencia cardiaca.
b) Estado de consciencia.
c) Ventilación.
d) Temperatura.
e) b y c son correctas.

80. La entrega de muestra para la determinación de digestión de principios inmediatos en heces se deberá realizar por la mañana antes de las:

a) 9 horas.
b) 10:30 horas.
c) 10 horas.

d) 11:30 horas.
e) 12 horas.

81. Un paciente con parálisis de sus extremidades, necesita una cama:

a) Metálica.
b) Ortopédica o de Judet.
c) Electrocircular o de Stryker.
d) Una camilla articulada.
e) Una camilla rígida.

82. Entre los accesorios que debe tener una cama hospitalaria no se encuentra:

a) Rejas o barandillas de seguridad.
b) Soportes de bolsas urinarias.
c) Férula de arco.
d) Cuña o soporte para los pies.
e) Cuña evacuadora.

83. Las técnicas para hacer la cama varían según:

a) Que la cama esté ocupada por un paciente postoperado.
b) Que la cama esté cerrada.
c) Que la cama esté abierta y desocupada.
d) Que la cama esté ocupada por un paciente inconsciente.
e) Todas son correctas.

84. Es cierto que:

a) Cuando el hospital no disponga de aire acondicionado, habrá que ventilar abriendo la ventana de la habitación.
b) Las paredes de la habitación deben estar pintadas en colores claros y sin brillo.
c) La conversación con los enfermos debe hacerse en tonos bajos.
d) No es imprescindible que existan lámparas de luz indirecta.
e) a, b y c son correctas.

85. Posee un somier metálico formado por dos o tres segmentos móviles y adaptables a las necesidades del paciente la cama:

a) Metálica de somier rígido.
b) Traumatológica.
c) Articulada.

d) Electrocircular.
e) Ninguna.

86. Una cama hospitalaria:

a) Debe estar equipada con ruedas.
b) Debe poseer sistema de freno para bloquearla.
c) Debe poseer un colchón articulado.
d) Todas son correctas.
e) Sólo las opciones a y b son correctas.

87. El colchón *alternating* se utiliza:

a) Para prevenir las úlceras de decúbito.
b) En pacientes fracturados.
c) Para enfermos pulmonares.
d) Para enfermos renales.
e) En pacientes alérgicos.

88. La lencería de una cama hospitalaria incluye:

a) Hule, entremetida y cubrecolchón.
b) Sábanas y cubrecama.
c) Funda de almohada y manta.
d) Todas las respuestas anteriores son correctas.
e) Sólo las opciones b y c son correctas.

89. ¿Cómo se denomina el marco que posee la cama ortopédica de Judet cuya finalidad es la de sujetar las poleas?

a) Marco electrocircular.
b) Marco de Balkan.
c) Marco de Judet.
d) Marco de Stroms.
e) Ninguna es correcta

90. En lo referente a la colocación de los brazos en las muletas, éstos permanecerán:

a) Completamente estirados.
b) En ángulo de 45º.
c) En ángulo de 30º.
d) Ligeramente estirados.

91. La marcha con muletas denominada «marcha en tres puntos» se utiliza cuando el paciente:

a) Puede cargar el peso parcialmente en la pierna afectada.
b) Debe evitar cargar el peso en la pierna afectada.
c) Puede cargar el peso en ambas piernas.
d) Ninguna es correcta.

92. Cuando el paciente carga su peso entre las muletas y la pierna no afectada, el tipo de marcha se denominará:

a) Marcha en 3 puntos.
b) Marcha en 3 y 1 puntos.
c) Marcha en 4 puntos.
d) Marcha en 2 puntos.

93. La distancia a recorrer en cada desplazamiento de muleta o pierna del paciente, es de:

a) 10 cm.
b) 20 cm.
c) 30 cm.
d) 40 cm.

94. Para proceder a sentarse, un paciente que utiliza muletas deberá:

a) Coger ambas muletas con la mano de la parte afectada.
b) Poner la mano del lado no afectado en el mismo lado de la silla.
c) La pierna no afectada quedará junto a la parte delantera del asiento.
d) Todas son correctas.

95. En un paciente que usa bastón, adelantará a la vez que el bastón:

a) La pierna afectada.
b) La pierna no afectada.
c) Ninguna de las dos piernas.
d) Es indiferente.

96. El bastón se sujetará con la mano:

a) Del lado no afectado.
b) Del lado afectado.
c) Es indiferente.
d) b y c son correctas.

97. La distancia a recorrer en cada movimiento hacia delante del bastón es:

a) 10 cm.
b) 20 cm.
c) 15 cm.
d) Ninguna es correcta.

Solución al test nº 5

1. c) Que tiene un pronóstico de vida inferior a 6 meses.

2. e) Todas son correctas.

3. d) Debilidad.

4. a) Oral.

5. c) Insomnio.

6. d) Cáncer de Hueso.

7. d) Fármacos no opiáceos.

8. d) Dihidrocodeína.

9. c) Metadona.

10. d) 1/3 parte.

11. a) Morfina.

12. c) Diarreas.

13. e) Todas son correctas.

14. e) Morfina y paracetamol.

15. e) Todas son correctas.

16. d) Antieméticos.

17. a) Diacepan.

18. d) Dexametasona.

19. b) Estreñimiento.

20. a) Aumentando el volumen de la masa fecal.

21. e) Senosidos.

22. b) Administrar complejos vitamínicos.

23. c) Crecimiento tumoral.

24. d) 30%.

25. a) Diacepam.

26. c) Midazolam.

27. b) Loracepam y Lormetacepam.

28. a) Crisis de pánico.

29. d) Alteraciones psicológicas.

30. b) Detrusor.

31. e) Naproxeno.

32. c) Mejorar la calidad de vida del paciente.

33. e) Todas son correctas.

34. e) A un enfermo en fase agónica o preagónica no se le realizan cambios posturales.

35. e) Todas son correctas.

36. b) Aparición de livideces.

37. e) a, b y c son correctas.

38. d) b y c son correctas.

39. b) Electroencefalograma plano.

40. e) Todo lo anterior.

41. c) Todas las muestras deben ser transportadas lo antes posible al Laboratorio de Bioquímica.

42. a) La escasa cantidad de muestra que se toma.

43. d) 2 litros.

44. b) Hemocultivo.

45. e) c y d son correctas.

46. a) En el pulpejo del dedo.

47. c) De 10 a 12 horas.

48. d) 36-37 ºC.

49. b) Yugular externa.

50. d) La inserción de la aguja debe hacerse en un ángulo de 45ºC.

51. a) Se realiza para medir la presión de los gases en sangre.

52. a) 4ºC.

53. e) a y b son correctas.

54. c) 5-10 ml.

55. b) Coprocultivo.

56. e) Entre 5-10 ml en caso de que sean líquidas.

57. a) 30 minutos.

58. c) Tres muestras en días distintos.

59. e) Carne de pollo.

60. d) Alcohol polivinílico.

61. e) A temperatura ambiente.

62. b) Aspirina.

63. c) Dos muestras de lugares distintos en tres deposiciones consecutivas.

64. c) 150 gramos de carne a la plancha.

65. b) Posición fetal.

66. d) El facultativo.

67. e) Dieta absoluta.

68. a) Entre 1 y 10 ml.

69. b) Entre 5 y 10 ml.

70. c) Entre 35 y 37ºC.

71. d) Jeringa.

72. c) Dos horas.

73. a) 2-4 cm.

74. e) Todas son correctas.

75. c) Decúbito supino.

76. e) Entre L3 y L4.

77. c) Naranja.

78. d) Hemocultivo.

79. e) b y c son correctas.

80. b) 10:30 horas.

81. b) Ortopédica o de Judet.

82. e) Cuña evacuadora.

83. e) Todas son correctas.

84. e) a, b y c son correctas.

85. c) Articulada.

86. e) Sólo las opciones a y b son correctas.

87. a) Para prevenir las úlceras de decúbito.

88. d) Todas las respuestas anteriores son correctas.

89. b) Marco de Balkan.

90. d) Ligeramente estirados.

91. b) Debe evitar cargar el peso en la pierna afectada.

92. b) Marcha en 3 y 1 puntos.

93. b) 20 cm.

94. d) Todas son correctas.

95. c) Ninguna de las dos piernas.

96. a) Del lado no afectado.

97. a) 10 cm.

TEST Nº 6

EL AUXILIAR EN LOS DISTINTOS DEPARTAMENTOS

1. Dentro de las responsabilidades de los Auxiliares de Enfermería se incluye:

a) La administración de medicamentos por vía parenteral.
b) Informar a los pacientes o sus familiares sobre el diagnóstico, tratamiento o pronóstico del enfermo.
c) Movilización de los pacientes encamados, seguridad y ejercicio físico.
d) Realización de sondajes vesicales.
e) Llevar a cabo tareas ordenadas por superiores jerárquicos aunque excedan el campo de su responsabilidad.

2. Dentro de las funciones del Auxiliar de Enfermería en las consultas externas de los hospitales no se encuentra:

a) Aplicar tratamientos no medicamentosos.
b) Función organizativa.
c) Puesta a punto de la consulta.
d) Función asistencial.
e) Revisar el instrumental de exploraciones.

3. El estatuto del personal sanitario no facultativo de las instituciones sanitarias de la Seguridad Social, indica en su artículo 75 las siguientes funciones:

a) Limpieza del instrumental y material de diagnóstico.
b) Recepción del carro de comidas y comprobación del mismo.

c) Realización de curas directamente.
d) Colaborar con el personal sanitario en la preparación de los aparatos de electromedicina y radiodiagnóstico.
e) Acompañar a los enfermos hasta las consultas.

4. El artículo 85 del citado estatuto no prohíbe a los Auxiliares de Enfermería:

a) Hacer curas directamente.
b) Colaborar directamente con el personal facultativo en las intervenciones quirúrgicas.
c) Aplicar tratamientos no medicamentosos.
d) Administrar medicamentos por vía oral y rectal bajo las indicaciones de la Jefatura de Enfermería.
e) Administrar una medicación por vía subcutánea.

5. ¿Cuál de las siguientes funciones no corresponde a un Auxiliar de Enfermería de un Hospital?

a) Hacer las camas de los enfermos.
b) Recepción del carro de comidas.
c) Dar de comer al paciente si no puede hacerlo por sí mismo.
d) Aseo y limpieza de las habitaciones.
e) Clasificar y ordenar la lencería.

6. ¿Cuál de estas funciones corresponde a un Auxiliar de Enfermería?

a) Administrar medicamentos por vía parenteral.
b) Hacer curas directamente.
c) Recepción de enfermos, recogida de volantes, escritura de libros de registros.
d) Colaborar directamente con el personal facultativo en las intervenciones quirúrgicas.
e) Aplicar tratamientos no medicamentosos.

7. No corresponde al Auxiliar de Enfermería:

a) Distribuir y recoger los termómetros anotando el valor registrado.
b) Rasurado del paciente.
c) Colaborar con los DUE en la administración de medicamentos por vía oral.
d) Aplicar tratamientos no medicamentosos.
e) Ninguna de las anteriores.

8. No es función del/de la Auxiliar de Enfermería:

a) La distribución de los enfermos para organizar mejor el horario de visitas.
b) La limpieza del instrumental.

c) Asistir directamente a los médicos en la realización de una intervención quirúrgica.
d) El aseo y limpieza del paciente.
e) Administrar medicamentos por vía oral.

9. Dentro de un servicio de enfermería el/la Auxiliar tiene que:

a) Servir las comidas a los enfermos.
b) Hacer las camas.
c) Aseo y limpieza de los enfermos.
d) Clasificar y ordenar la lencería.
e) Todas son correctas.

10. Queda prohibido a los/las Auxiliares de Enfermería:

a) Administrar medicamentos al paciente, cuando para ello se requiera instrumental y la realización de maniobras exentas de riesgos.
b) Poner inyecciones
c) Aplicar tratamientos de carácter no medicamentoso.
d) Informar a los pacientes o familiares sobre la enfermedad.
e) Todas son correctas.

11. ¿Cuál es el Real Decreto que establece la creación del Centro de Salud y los Equipos de Atención Primaria (EBAP)?

a) Real Decreto 137/1984.
b) Real Decreto 521/1987.
c) Real Decreto 177/1960.
d) Real Decreto 261/1986.

12. ¿En qué fecha se produce el cambio de nombre de Auxiliar de Clínica a Auxiliares de Enfermería?

a) El 15 de febrero de 1973.
b) El 26 de diciembre de 1986.
c) El 7 de mayo de 1963.
d) El 26 de abril de 1973.

13. El Office:

a) El lugar de estancia del equipo de Enfermería.
b) Un cuarto para la clasificación en bolsas y eliminación de los residuos sólidos que se producen en la planta.
c) Donde se clasifica y guarda la ropa limpia que se utiliza en la unidad.
d) El lugar donde se guarda la vajilla y otros utensilios relacionados.

14. El equipo de Enfermería está compuesto por (señale la incorrecta):

a) Supervisor de Enfermería.
b) Auxiliares de Enfermería.
c) ATS/DUE.
d) Celadores.

15. ¿Cuál es el artículo de la Constitución que refleja el derecho a la protección de la Salud?

a) Art. 25.
b) Art. 72.
c) Art. 14.
d) Art. 43.

16. De los siguientes trastornos ¿cuál es más habitual que sea prolongado y con tratamiento hospitalario?

a) Trastornos de la personalidad.
b) Trastornos depresivos.
c) Trastornos esquizofrénicos.
d) Trastornos de ansiedad.

17. Los recién nacidos que deben utilizar la incubadora son aquellos que pesan menos de:

a) 2500 gramos.
b) 3000 gramos.
c) 3500 gramos.
d) 2850 gramos.

18. Para la limpieza diaria de la incubadora se utiliza:

a) Povidona yodada.
b) Cloruro de benzalconio.
c) Óxido de etileno.
d) Formol.

19. La humedad a la que hay que programar la incubadora es de:

a) 10-20%.
b) 20-30%.
c) 40-50%.
d) 50-60%.

20. La temperatura a la que hay que programar la incubadora cuando va a recibir a un recién nacido por un tiempo prolongado es:

a) 35ºC.
b) 37ºC.
c) 38ºC.
d) 39ºC.

Solución al test nº 6

1. c) Movilización de los pacientes encamados, seguridad y ejercicio físico.

2. a) Aplicar tratamientos no medicamentosos.

3. b) Recepción del carro de comidas y comprobación del mismo.

4. b) Colaborar directamente con el personal facultativo en las intervenciones quirúrgicas.

5. d) Aseo y limpieza de las habitaciones.

6. c) Recepción de enfermos, recogida de volantes, escritura de libros de registros.

7. d) Aplicar tratamientos no medicamentosos.

8. c) Asistir directamente a los médicos en la realización de una intervención quirúrgica.

9. e) Todas son correctas.

10. e) Todas son correctas.

11. a) Real Decreto 137/1984.

12. b) El 26 de diciembre de 1986.

13. d) El lugar donde se guarda la vajilla y otros utensilios relacionados.

14. d) Celadores.

15. d) Art. 43.

16. c) Trastornos esquizofrénicos.

17. a) 2500 gramos.

18. b) Cloruro de benzalconio.

19. d) 50-60%.

20. b) 37ºC.

TEST Nº 7

EL PAPEL DEL AUXILIAR EN EL CUIDADO Y MANEJO DEL ENFERMO MENTAL

1. Según la definición de demencia dada por la Organización Mundial de la Salud (OMS), señale la afirmación incorrecta:

a) Es un síndrome debido a una enfermedad del cerebro.
b) La conciencia permanece clara.
c) El déficit cognoscitivo por lo general y, ocasionalmente, es precedido de un deterioro en el control emocional, del comportamiento social o de la motivación.
d) En ella hay déficit de múltiples funciones corticales superiores, entre ellas la memoria, el pensamiento, la orientación, los reflejos.
e) Todas son ciertas.

2. El factor etiopatogénico de la enfermedad de Alzheimer es:

a) Factor neuroinmune.
b) Factor genético.
c) Apoptosis.
d) Todas las anteriores.
e) Ninguna de las anteriores.

3. Señale la proposición errónea en relación con los factores etiopatogénicos:

a) Según la teoría de la muerte celular programada, determinados genes activarían prematuramente a los gerontogenes responsables del envejecimiento cerebral acelerado por alteración estructural de la membrana celular, disrupción del citoesqueleto neuronal, cambios en el tamaño y forma, disfunción organular, lesión del ADN y disminución de la síntesis de ARN y proteínas, ocasionando un proceso irreversible de muerte neuronal acelerada.
b) Se observa en esta enfermedad un déficit de acetilcolina, importante neurotransmisor en los circuitos de la memoria.
c) La DSTA se transmite con un aparente patrón autosémico dominante de penetrancia variable; se han encontrado anomalías en los genes del cromosoma 14, del cromosoma 19 y del cromosoma 21.
d) Según la hipótesis de la muerte celular programada, un trastorno genético heredado o inducido por factores endógenos y/o exógenos, daría lugar a una disrupción del citoesqueleto neuronal y de la arquitectura de las membranas celulares, ocasionando anomalías en éstas.
e) Todas son erróneas.

4. No es una manifestación clínica de la demencia la siguiente:

a) Cambios de la personalidad.
b) Déficit visual.
c) Disminución de la capacidad intelectual que interfiere en el funcionamiento global de la persona.
d) Disfunción cognoscitiva.
e) Todas son correctas.

5. Cuando decimos que la clínica es insidiosa y progresiva con un deterioro lento (evolución en rampa descendente) nos referimos a:

a) La DSTV.
b) La DSTN.
c) La DSTA.
d) Ninguna de las anteriores.
e) Cualquiera de las anteriores.

6. Entre las demencias primarias no se encuentra la:

a) Enfermedad de Pick.
b) Enfermedad de Creutzfeldt-Jacob.
c) Enfermedad de Alzheimer.
d) Hemorrágica.
e) Ninguna de las anteriores.

7. Entre las demencias secundarias metabólicas no encontramos la siguiente:

a) Déficit vitamina B12.
b) Postencefalítica.
c) Hipo/hiperparatiroidismo.
d) Insuficiencia pulmonar.
e) Ninguna de las anteriores.

8. No es uno de los cuidados, relacionados con el hábitat, que debe seguirse con estos enfermos el siguiente:

a) Si existen escaleras, deberán ser reemplazadas por rampas, ya que implican un grave riesgo para estos individuos.
b) Las camas altas son las más apropiadas para que los enfermos no tropiecen en ellas innecesariamente.
c) Colocar barandillas a lo largo de los pasillos, y en especial en el cuarto de baño, para que los pacientes con trastornos del equilibrio puedan trasladarse de un lugar a otro sin peligro y sin necesidad de que alguien les ayude.
d) Siempre se debe ayudar al paciente a entrar y salir de la bañera, ya que tal momento es quizás el más peligroso en el cuidado diario. Algunos autores piensan que es preferible utilizar el sistema de regadera, pues implica menor peligro para el anciano.
e) Todos los anteriores son cuidados a seguir.

9. No es uno de los cuidados, relacionados con la higiene, que debe seguirse con estos enfermos el siguiente:

a) Prevenir la aparición de escaras, mediante cambios postulares frecuentes, movilización precoz, masajes, paseos, hidratación de la piel, vigilancia de los puntos de apoyo.
b) Utilizar cremas dermoprotectoras después del baño para evitar la desecación de la piel.
c) Realizar baños muy frecuentes, al menos tres veces al día, para no atraer gérmenes patógenos.
d) También para prevenir la aparición de escaras, controlar que la ropa esté seca y limpia, así como que no tenga arrugas.
e) Ninguno de los anteriores.

10. Señale la opción incorrecta. Por lo general, se evitará la ingesta de dietas blandas o semilíquidas para evitar la hipotonía del tracto intestinal. Para ello se seguirán unas pautas tales como:

a) Reducir la ingesta de grasas.
b) Evitar las comidas ricas en colesterol (mariscos, pescado azul, etc.).

c) Disminuir la ingesta de fruta.
d) Evitar el azúcar, recomendándole sustituirla por miel o frutas.
e) Todas son incorrectas.

11. No es recomendable:

a) Aumentar la ingesta de cereales.
b) Aumentar la ingesta de sal.
c) Mantener una ingesta adecuada de líquidos, como mínimo 1 litro al día, a menos que esté contraindicado.
d) Aumentar la ingesta de pan integral.
e) Todas son ciertas.

12. No es uno de los cuidados, relacionados con el descanso y relajación, que debe seguirse con estos enfermos, el siguiente:

a) Procurarle estímulos durante el día para que duerma por la noche y no se levante de la cama.
b) Debemos programar actividades de relajación, tales como pasatiempos, actividades lúdicas, etc.
c) Todos deben dormir al menos doce horas diarias
d) Los sujetos de edades avanzadas necesitan frecuentes periodos de descanso; pero si se les confina a la cama sin estar físicamente enfermos, a veces sufren graves consecuencias.
e) Ninguno de los anteriores es correcto.

13. Entre las actitudes mentales reforzadoras que deben practicar este tipo de enfermos no está:

a) Deberán estar activos el menor tiempo posible.
b) Comenzar con tareas pequeñas, a corto plazo, para asegurarse que las cumplirá con éxito. Aumentar luego la duración y complejidad de las tareas.
c) Resaltación y vivencias de los hechos positivos.
d) Reforzar a los sujetos por sus logros personales, tales como vestimenta, arreglo personal, etc.
e) Todas las anteriores.

14. Entre las funciones de relación que deben practicar este tipo de enfermos no está:

a) Fomentar la amistad y comunicación con otros sujetos de su misma edad y condición.
b) Darles muchas y difíciles órdenes para ayudarles en la práctica de la memoria.

c) Pueden requerir ayuda para vestirse y, por tanto, debemos asegurarnos que la ropa que usan les proporciona calor suficiente. Como muchos de estos sujetos sufren de alteraciones en la circulación, siempre es conveniente disponer de jerséis que puedan ponerse en todo momento.

d) Permitirles el libre acceso a la radio, televisión, periódicos, revistas, etc., como medio de información actual.

e) Todas son correctas.

15. Entre las normas de seguridad relacionadas con este tipo de enfermos no se encuentra la siguiente:

a) Se intentará mantener, igualmente, una adecuada temperatura en todas las habitaciones y dependencias de la vivienda.

b) Las sillas deben ser incómodas para evitar que se duerman durante el día.

c) Proporcionarle luz y timbre para la noche.

d) Los útiles y ropa en los armarios debemos procurar que se encuentren a una altura donde el sujeto los pueda coger sin dificultad, evitando con ello que se suban a algún tipo de objeto (silla, escalera, etc.).

e) Ninguna de las anteriores.

16. ¿En qué se diferencia el trastorno de la depresión, de los síntomas de la propia depresión?

a) Gravedad de estado depresivo.

b) En la causa de la depresión.

c) Duración del cuadro depresivo.

d) a y c son correctas.

17. Cuando el paciente ha sufrido un episodio importante de depresión en el pasado, es probable que pueda padecer un cuadro de:

a) Depresión endógena.

b) Depresión exógena.

c) Depresión reactiva.

d) b y c son correctas.

18. ¿Qué depresión tiene como factor desencadenante una situación identificable o un motivo estresante?

a) Depresión endógena.

b) Depresión reactiva.

c) Brote depresivo.

d) Ninguna es correcta.

19. ¿Qué circunstancias pueden asociarse con depresión?

a) Trastornos bipolares.
b) Trastornos ciclotímicos.
c) Trastornos distímicos.
d) Todas son correctas.

20. Las manifestaciones como: inquietud, autocrítica, pensamientos de autodevaluación, dificultad para pensar, alteraciones de memoria y concentración, son típicas de cuadros:

a) Esquizoides.
b) Depresivos.
c) Maniaco-depresivos.
d) Ninguna es correcta.

21. ¿Qué cualidad fundamental debe tener el Auxiliar Sanitario para tratar con un enfermo que padece depresión?

a) Empatía.
b) Voluntad.
c) Paciencia.
d) Ninguna es correcta.

22. La fase REM del sueño se caracteriza por:

a) Ser la fase en la que ocurren todos los trastornos del sueño.
b) No poder ser medida en un electroencefalograma.
c) Movimientos oculares rápidos.
d) Ser la fase de inicio del sueño.
e) c y d son correctas.

23. El insomnio es un trastorno del sueño que se da con más frecuencia entre:

a) Ancianos y mujeres.
b) Adolescentes y niños.
c) Mujeres y niños.
d) Hombres y ancianos.
e) Ancianos y adolescentes.

24. Las principales manifestaciones de la narcolepsia son:

a) Apnea, sonambulismo, cataplejías y pesadillas.
b) Ataques de sueño, cataplejías, parálisis del sueño y alucinaciones hipnagógicas.
c) Parálisis del sueño, apnea, somniloquio y enuresis.

d) Bruxismo, alucinaciones enuresis y terrores nocturnos.
e) Ataques de sueño, parálisis del sueño, epilepsia y apnea.

25. Para un diagnóstico correcto de apnea nocturna es necesario:

a) Un registro polisomnográfico que se realiza en las unidades de sueño.
b) La existencia de fuertes ronquidos al menos cinco veces por semana.
c) La existencia de depresión asociada al trastorno del sueño.
d) Que a pesar del problema de sueño, el periodo de descanso sea lo suficientemente reparador.
e) Un estudio psicológico del paciente.

26. El trastorno conocido como Jet-Lag:

a) Hace referencia al miedo a volar en avión.
b) Se debe a una desincronización de los ritmos circadianos por un cambio brusco de zona horaria.
c) Presenta, entre otros síntomas, fatiga diurna, cefalea y alteraciones gastrointestinales.
d) b y c son correctas.
e) Ninguna de las anteriores.

27. Respecto al sonambulismo, podemos decir que:

a) Es un trastorno que aparece en la fase REM del sueño.
b) Consiste en caminar dormido con los ojos cerrados, recordando al despertar todo el episodio.
c) Siempre va acompañado de comportamientos violentos hacia quien intenta despertar al sonámbulo.
d) Uno de sus síntomas característicos es la amnesia del episodio de sonambulismo.
e) a y c son correctas.

28. El somniloquio es un trastorno del sueño que consiste en:

a) Apretar y rechinar los dientes durante el sueño.
b) Incapacidad para conciliar el sueño.
c) Dificultad para conciliar el sueño.
d) Ausencia de sueño reparador, a pesar de haber dormido un número de horas adecuado.
e) Hablar durante el sueño, ya sean voces comprensibles o ininteligibles.

29. Respecto a la enuresis nocturna, podemos decir que:

a) Es más grave cuanto menor sea la edad del paciente.
b) En su forma primaria se da exclusivamente en adultos.

c) Consiste en la micción involuntaria y recurrente durante el sueño.
d) Es uno de los trastornos que se asocia al consumo de alcohol en cantidades elevadas.
e) Si no recibe tratamiento puede desembocar en apnea del sueño.

30. En las unidades o centros de sueño:

a) Se realiza el diagnóstico de trastornos del sueño mediante técnicas poligráficas, principalmente.
b) Se induce con fármacos el sueño de los pacientes insomnes para que al menos una vez por semana gocen de un sueño reparador.
c) Se realiza el seguimiento de los pacientes con trastornos del sueño.
d) a, b y c son correctas.
e) a y c son correctas.

31. La evaluación y tratamiento de los desórdenes del sueño debe estar en manos de:

a) Un neurofisiólogo.
b) Un equipo multidisciplinar.
c) Un psicólogo.
d) Un especialista en técnicas poligráficas.
e) Un neurólogo.

32. Entre las normas de higiene del sueño de carácter general, tenemos:

a) Mantener horarios regulares de sueño.
b) Realizar ejercicio físico en las horas previas al sueño.
c) Tomar pastillas para dormir.
d) Dormir con una pequeña luz.
e) a y b son correctas.

33. Las técnicas de relajación y control de estímulos tienen como finalidad:

a) El tratamiento de los desórdenes psicóticos que están en la base de muchos trastornos del sueño.
b) Evitar la somnolencia diurna del paciente narcoléptico.
c) Conseguir una adecuada preparación psicoambiental para el comienzo del sueño.
d) Lograr la sincronización de los ritmos circadianos.
e) Eliminar la fase REM del sueño y, con ello, los trastornos asociados a dicha fase.

34. Los equipos de respiración asistida son unos sistemas que se utilizan en el tratamiento de:

a) Jet- Lag.
b) Apnea nocturna.
c) Bruxismo.
d) Sonambulismo.
e) Narcolepsia.

35. La cronoterapia consiste en:

a) Cronometrar el tiempo que tardamos en dormirnos para ir reduciéndolo.
b) Cronometrar las horas de sueño para ver si es suficiente.
c) La ingestión de fármacos que ayuden a disminuir el tiempo de latencia del sueño.
d) La sincronización progresiva del ritmo circadiano del sueño con las horas programadas para acostarse.
e) Un programa de seguimiento al que deben estar sometidos todos los pacientes narcolépticos en tratamiento.

36. La cirugía está indicada para el tratamiento de:

a) Todos los casos de apnea nocturna, en los que haya que reducir el ronquido.
b) En algunos casos muy precisos de apneas producidas o agravadas por malformaciones.
c) La enuresis nocturna adulta.
d) Los trastornos del sueño asociados al parkinsonismo.
e) La hipersomnia.

37. El retraso psicomotor o la agitación psicomotora, junto con la pasividad, dependencia y abandono, entre otros, son manifestaciones de la depresión de tipo:

a) Emocional.
b) Física.
c) Conductual y motivacional.
d) Todas son correctas.

38. En la primera fase del tratamiento de la depresión, no es correcto que:

a) Se potencien salidas, relaciones interpersonales, asistencia a reuniones, etc.
b) Permitir hasta cierto punto el aislamiento.
c) Seguir fielmente el tratamiento médico.
d) Todas son correctas.

39. ¿Cuál de las siguientes condiciones, de ser observada por el Auxiliar sanitario, en un paciente con depresión, ha de ser puesta en conocimiento del médico?

a) Cuando el paciente se niega a tomar la medicación o hay sospecha de ello.
b) Cuando se produce un bloqueo total motriz.
c) Cuando aparecen delirios de culpa, ruina, inutilidad que pueden desembocar en suicidio.
d) Todas son correctas.

Solución al test nº 7

1. d) En ella hay déficit de múltiples funciones corticales superiores, entre ellas la memoria, el pensamiento, la orientación, los reflejos.

2. d) Todas las anteriores.

3. d) Según la hipótesis de la muerte celular programada, un trastorno genético heredado o inducido por factores endógenos y/o exógenos, daría lugar a una disrupción del citoesqueleto neuronal y de la arquitectura de las membranas celulares, ocasionando anomalías en éstas.

4. b) Déficit visual.

5. c) La DSTA.

6. d) Hemorrágica.

7. b) Postencefalítica.

8. b) Las camas altas son las más apropiadas para que los enfermos no tropiecen en ellas innecesariamente.

9. c) Realizar baños muy frecuentes, al menos tres veces al día, para no atraer gérmenes patógenos.

10. c) Disminuir la ingesta de fruta.

11. b) Aumentar la ingesta de sal.

12. c) Todos deben dormir al menos doce horas diarias

13. a) Deberán estar activos el menor tiempo posible.

14. b) Darles muchas y difíciles órdenes para ayudarles en la práctica de la memoria.

15. b) Las sillas deben ser incómodas para evitar que se duerman durante el día.

16. d) a y c son correctas.

17. a) Depresión endógena.

18. b) Depresión reactiva.

19. d) Todas son correctas.

20. b) Depresivos.

21. a) Empatía.

22. c) Movimientos oculares rápidos.

23. a) Ancianos y mujeres.

24. b) Ataques de sueño, cataplejías, parálisis del sueño y alucinaciones hipnagógicas.

25. a) Un registro polisomnográfico que se realiza en las unidades de sueño.

26. d) b y c son correctas.

27. d) Uno de sus síntomas característicos es la amnesia del episodio de sonambulismo.

28. e) Hablar durante el sueño, ya sean voces comprensibles o ininteligibles.

29. c) Consiste en la micción involuntaria y recurrente durante el sueño.

30. e) a y c son correctas.

31. b) Un equipo multidisciplinar.

32. a) Mantener horarios regulares de sueño.

33. c) Conseguir una adecuada preparación psicoambiental para el comienzo del sueño.

34. b) Apnea nocturna.

35. d) La sincronización progresiva del ritmo circadiano del sueño con las horas programadas para acostarse.

36. b) En algunos casos muy precisos de apneas producidas o agravadas por malformaciones.

37. c) Conductual y motivacional.

38. a) Se potencien las salidas, relaciones interpersonales, la asistencia a reuniones, etc.

39. d) Todas son correctas.

TEST Nº 8

FUNCIONES Y SIGNOS VITALES

1. Al cese de la respiración se le llama:

a) Bradipnea.
b) Taquipnea.
c) Ortopnea.
d) Apnea.
e) Disnea.

2. La presión sistólica en un adulto joven y sano es de:

a) 100 mmHg.
b) 130 mmHg.
c) 160 mmHg.
d) 90 mmHg.
e) 60 mmHg.

3. De las afirmaciones siguientes una es verdadera. Señálela usted:

a) La presión sistólica corresponde a la mínima.
b) La presión diastólica corresponde a la máxima.
c) La presión diastólica oscila entre 60 y 90 mmHg.
d) Las enfermedades renales no modifican los valores normales de la TA.
e) La deshidratación eleva la TA.

4. Es una constante vital:

a) Respiración celular.
b) Temperatura corporal.
c) Pulso.
d) Todas.
e) Sólo b y c.

5. ¿Cuál de las siguientes es una constante vital?

a) Respiración pulmonar.
b) Balance de líquidos.
c) Dieta.
d) Hemoglobina en sangre.
e) Glucemia.

6. Entre ceja y oreja se toma el pulso:

a) Apical.
b) Poplíteo.
c) Temporal.
d) Carotídeo.
e) Ninguno.

7. El pulso radial:

a) Es el que se toma con mayor frecuencia.
b) Debe ser localizado con el dedo índice solamente.
c) Hay que localizarlo colocando juntos los dedos índice, medio y anular.
d) a y b.
e) a y c.

8. El pulso de la arteria temporal se palpa:

a) Por encima del maxilar inferior.
b) Por arriba y por delante de la oreja.
c) En el pie.
d) En la parte superior, a un lado y otro del cuello.
e) En la ingle.

9. En la ingle se palpa la arteria:

a) Temporal.
b) Facial.

c) Pedia.
d) Femoral.
e) Carotídea.

10. En el cuello se palpa la arteria:

a) Carótida.
b) Pedia.
c) Temporal.
d) Femoral.
e) Facial.

11. La temperatura se registra en las gráficas hospitalarias de color:

a) Rojo.
b) Verde.
c) Azul.
d) Negro.
e) De distinto color según comunidades.

12. La disminución del número de respiraciones por minuto se conoce como:

a) Apnea
b) Taquipnea.
c) Bradipnea
d) Bradicardia.
e) Ninguna.

13. El esfignomanómetro se utiliza en clínica para:

a) Medir la frecuencia cardiaca.
b) Conocer el número de pulsaciones/minuto.
c) Determinar la temperatura basal.
d) Medir la presión arterial.
e) Conocer el Volumen Espiratorio por minuto.

14. En condiciones normales (cn) el pulso se toma en la arteria:

a) Carótida.
b) Femoral.
c) Radial.
d) Humeral.
e) Temporal.

15. ¿Qué tanto por ciento está compuesto de agua en el peso corporal de un lactante?

a) 60%.
b) 70%.
c) 76%.
d) 84%.
3) 90%.

16. En el espacio intersticial el catión más abundante es:

a) Potasio.
b) Sodio.
c) Cloro.
d) Nitrógeno.
e) Hidrógeno.

17. En el compartimento intracelular el catión más abundante es:

a) Potasio.
b) Sodio.
c) Hidrógeno.
d) Cloro.
e) Nitrógeno.

18. ¿Cómo se denomina la gráfica utilizada en UCI?

a) Gráfica mensual.
b) Gráfica ordinaria.
c) Gráfica horaria.
d) Gráfica especial.
e) c y d son correctas.

19. En el equilibrio hidroelectrolítico las pérdidas de líquidos por la orina representan:

a) 1000 cc/día.
b) 1200 cc/día.
c) 1400 cc/día.
d) 1600 cc/día.
e) 2000 cc/día.

20. Las pérdidas de líquido en el cuerpo humano se realizan por:

a) Orina.
b) heces.

c) Vía respiratoria.
d) Piel.
e) Todas son correctas.

21. En 1963 se creó un Comité de Resucitación Pulmonar que comenzó a consensuar y estandarizar todas las medidas para el tratamiento de la parada cardiorrespiratoria. ¿Quién creó este Comité?

a) European Resucitation Council.
b) American Health Association.
c) Sociedad Española de Medicina Intensiva y Unidades Coronarias.
d) Asociación Española de Urgencias y Catástrofes.
e) American Nursing Association.

22. La European Resucitation Council fue creada en el año:

a) 1963.
b) 1970.
c) 1992.
d) 1982.
e) 1972.

23. Las primeras guías de actuación conjunta sobre Soporte Vital Básico y Avanzado fueron dadas por primera vez por:

a) SEMIUC y AHA.
b) ERC y SEMIUC.
c) ERC y AHA.
d) AHA y PCR.
e) ERC Y PCR.

24. Entre los eslabones de la cadena de supervivencia destaca:

a) Comienzo de la RCP básica antes de los 8 minutos.
b) Desfibrilación antes de los 4 minutos.
c) Acceso rápido a un servicio de emergencia.
d) Comienzo de la RCP avanzada antes de los 4 minutos.
e) Ninguna es correcta.

25. La incidencia de muerte súbita en España es de:

a) 10-18 por 100.000 habitantes/año.
b) 20-26 por 100.000 habitantes/año.
c) 16-18 por 100.000 habitantes/año.

d) 46-48 por 100.000 habitantes/año.
e) 26-38 por 100.000 habitantes/año.

26. La causa más común de muerte súbita es España es:

a) Enfermedad coronaria.
b) Accidente de tráfico.
c) Enfermedad respiratoria.
d) Tumores.
e) Causas externas.

27. ¿Cuántos infartos agudos de miocardio se producen al año aproximadamente en España?

a) 47.000.
b) 57.000.
c) 67.000.
d) 77.000.
e) 87.000.

28. Señale la opción incorrecta. La parada cardiaca se asocia a los siguientes trastornos:

a) Fibrilación Ventricular.
b) Trastornos del Sistema Nervioso Central.
c) Taquicardia Ventricular sin pulso.
d) Asistolia.
e) Disociación Electromecánica.

29. El Soporte Vital Avanzado debe iniciarse antes de:

a) 2 minutos.
b) 4 minutos.
c) 6 minutos.
d) 8 minutos.
e) 10 minutos.

30. La Resucitación Cardio-Pulmonar se finalizará:

a) En caso de Asistolia Refractaria transcurridos 5 minutos.
b) Cuando el intervalo entre el inicio de la PCR y el inicio de la RCP básica sea de 10 minutos.
c) Cuando el reanimador esté exhausto.

d) Cuando el intervalo entre el inicio de la PCR y el inicio de la RCP básica supere los 30 minutos.
e) Cuando el médico responsable considere la PCR como reversible.

31. En una situación de emergencia con el paciente consciente seguiremos el plan de actuación número:

a) 4.
b) 3.
c) 2.
d) 1.
e) Ninguno, ante esa situación no actuaremos.

32. La parada respiratoria se asocia a una serie de trastornos, excepto:

a) Intoxicaciones.
b) Obstrucción de la vía aérea.
c) Trastornos del Sistema Nervioso Central.
d) Traumatismos torácicos.
e) Disociación electromecánica.

33. Si un paciente ha sufrido un atragantamiento en el que las vías aéreas están ocupadas por un objeto, utilizaremos la maniobra de:

a) Credé.
b) Heiber-Esmarch.
c) Halstead.
d) Heimlich.
e) Gowers.

34. La maniobra de Heimlich se realiza mediante 5 compresiones bruscas en:

a) Tórax.
b) Apófisis Xifoide.
c) Esternón.
d) Epigastrio.
e) Reborde costal.

35. El soporte vital básico debe iniciarse antes de:

a) 2 minutos.
b) 4 minutos.
c) 6 minutos.

d) 8 minutos.
e) 10 minutos.

36. La desobstrucción de la vía aérea mediante la elevación de la mandíbula se denomina:

a) Maniobra de Heimlich.
b) Maniobra frente-mentón.
c) Maniobra de Credé.
d) Maniobra de Gowers.
e) Maniobra de Halstead.

37. Ante una situación de urgencia, con un paciente inconsciente sin alteración de las funciones vitales, utilizaremos el plan de actuación número:

a) 4.
b) 3.
c) 2.
d) 1.
e) Ninguna es correcta.

38. La posición en la cual hacemos rodar al paciente desde su situación inicial hacia el reanimador, manteniendo alineados cabeza, tronco y extremidades, se denomina:

a) Posición frente-mentón.
b) Posición de Fowler.
c) Posición de Trendelemburg.
d) Posición lateral de seguridad.
e) Posición decúbito prono.

39. Ante una situación de urgencia con un paciente inconsciente con parada cardiorrespiratoria, seguiremos:

a) Plan de actuación 1.
b) Plan de actuación 2.
c) Plan de actuación 3.
d) Plan de actuación 4.
e) Plan de actuación 5.

40. El masaje cardiaco externo se realiza cargando el peso del reanimador sobre el esternón para que se hunda aproximadamente:

a) 1 cm.
b) 3 cm.

c) 5 cm.
d) 7 cm.
e) 9 cm.

41. En una situación de parada cardiorrespiratoria con dos reanimadores, se realizarán:

a) 2 insuflaciones por cada 5 compresiones torácicas.
b) 1 insuflación por cada 15 compresiones torácicas.
c) 1 insuflación por cada 10 compresiones torácicas.
d) 1 insuflación por cada 5 compresiones torácicas.
e) 1 insuflación por cada 15 compresiones torácicas.

42. El masaje cardiaco externo en lactantes se realiza deprimiendo el esternón con dos dedos para que se hunda aproximadamente:

a) 2-3 cm.
b) 4-5 cm.
c) 6-7 cm.
d) 8-9 cm.
e) En los lactantes no se realiza el masaje cardíaco.

43. El objetivo fundamental de la RCP es:

a) Recuperar la función cardiaca en su totalidad.
b) Recuperar la función respiratoria en su totalidad.
c) Recuperar las funciones cerebrales de forma completa.
d) Recuperar la conciencia del paciente de forma completa.
e) Ninguna es correcta.

44. Según el material disponible, conocimientos y habilidades, las técnicas de RCP pueden ser:

a) Soporte Vital Básico.
b) Soporte Vital Habitual.
c) Soporte Vital Medicamentoso.
d) Soporte Vital Avanzado.
e) a y d son correctas.

45. ¿En qué casos no está indicada la RCP?

a) El respeto al derecho del paciente a rehusar el tratamiento.
b) Evitar riesgos graves para otro paciente y/o el propio resucitador.
c) Cuando la RCP demore la atención a otras víctimas con más posibilidades de sobrevivir.

d) Cuando la víctima muestre signos de muerte biológica.
e) Todas son correctas.

46. Para evitar el contagio a través del boca a boca se recomienda el uso de:

a) Mascarilla.
b) Gafas protectoras
c) Calzos.
d) Bata estéril.
e) a y b son correctas.

47. Para comprobar si existe circulación sanguínea, se buscará la presencia o no de latido principalmente en la arteria:

a) Radial.
b) Femoral.
c) Cubital.
d) Carótida.
e) Yugular.

48. Los torniquetes están contraindicados siempre, excepto:

a) Traumatismos en miembro superior.
b) Traumatismos en miembro inferior.
c) Amputaciones traumáticas de miembros.
d) Ninguna es correcta.
e) a y b son correctas.

49. En personas obesas o en embarazadas la maniobra de Heimlich se realiza:

a) Situando el puño en la apófisis xifoides y presionando hacia atrás.
b) Situando el puño en el tercio medio del esternón y presionando hacia atrás.
c) Situando el puño en el reborde costal y presionando hacia atrás.
d) Situando el puño en el epigastrio y presionando hacia atrás.
e) Situando el puño en el ombligo y presionando hacia atrás.

50. Cuando se realizan las maniobras de ventilación artificial, la frecuencia de insuflación será de:

a) 5 veces por minuto.
b) 10 veces por minuto.
c) 15 veces por minuto.
d) 20 veces por minuto.
e) 25 veces por minuto.

51. El masaje cardiaco se realizará a un ritmo superior a:

a) 80 pulsaciones por minuto.
b) 70 pulsaciones por minuto.
c) 60 pulsaciones por minuto.
d) 50 pulsaciones por minuto.
e) Ninguna es correcta.

52. La parada cardiorrespiratoria se puede definir como:

a) Cese brusco de la actividad cardiaca.
b) Comprobación de la existencia de pupilas midriáticas y livideces.
c) Pérdida de conciencia y cese súbito de la actividad cardiovascular.
d) Cese brusco inesperado y potencialmente reversible de la respiración y circulación.
e) Todas son correctas.

53. Cuando una persona no puede hablar, ni toser, ni respirar y vemos que se agita, sospecharemos de:

a) Una crisis sincopal.
b) Obstrucción completa de las vías aéreas.
c) Parada cardiorrespiratoria.
d) Una disociación electrodinámica.
e) Una lipotimia.

54. Respecto a un paro cardiaco una de las afirmaciones que se hace es falsa. ¿Cuál?

a) Debe comprobarse que no late el corazón antes de iniciar la reanimación.
b) Hay que esperar la orden del facultativo o autoridad competente para iniciar el masaje cardiaco.
c) Hay que evacuar al enfermo lo antes posible al centro hospitalario más próximo.
d) Todas son correctas.
e) Todas son falsas.

55. Las quemaduras en las que hay necrosis de los tejidos que evoluciona a la formación de escaras, son de grado:

a) 0.
b) 1.
c) 2.
d) 3.
e) 4.

56. La llamada regla de los 9 permite saber que en caso de quemaduras:

a) La cabeza y el cuello representan el 9% de la superficie corporal total.
b) Pecho y abdomen representan el 18% de la superficie corporal total.
c) La espalda representa el 18% y los miembros superiores el 18%.
d) Los miembros inferiores representan el 36% y los genitales el 1% del total.
e) Todas son correctas.

57. La regla de los 9 se utiliza para calcular la superficie quemada. Según la misma una persona que presenta quemaduras que afectan al brazo, antebrazo y mano izquierda, presenta una superficie quemada del:

a) 9%.
b) 18%.
c) 36%.
d) 1%.
e) 10%.

58. Quemaduras que afectan a ambos miembros inferiores en su totalidad, suponen una superficie corporal quemada del:

a) 9%.
b) 18%.
c) 36%.
d) 1%.
e) 10%.

59. En las quemaduras destacan dos fases:

a) Fase aguda y crónica.
b) Fase aguda y subaguda.
c) Fase diurética y crónica.
d) Fase aguda y diurética.
e) Ninguna es correcta.

60. Señale la opción incorrecta. La fase aguda se caracteriza por:

a) Shock.
b) Anoxia tisular.
c) Disminución de la diuresis.
d) Edemas de las quemaduras.
e) Pérdida de hematíes.

61. Señale la opción incorrecta. La fase subaguda se caracteriza por:

a) Disminución de la diuresis.
b) Anemia.
c) Aumento del potasio en sangre por destrucción de los tejidos.
d) Desequilibrio del Sistema Nervioso Central.
e) Alteraciones del metabolismo graso.

62. El edema pulmonar es característico de la fase:

a) Aguda.
b) Subaguda.
c) Crónica.
d) Diurética.
e) a y b son correctas.

63. La valoración de las quemaduras se realiza determinando:

a) Extensión de la quemadura.
b) Profundidad de la quemadura.
c) Tiempo de evolución de la quemadura.
d) Edad del paciente.
e) Todas son correctas.

64. Para valorar la extensión de las quemaduras, se utiliza la regla del:

a) 7 o múltiplo de 7.
b) 8 o múltiplo de 8.
c) 9 o múltiplo de 9.
d) 10 o múltiplo de 10.
e) 11 o múltiplo de 11.

65. Las quemaduras de primer grado son:

a) Aquellas que afectan a la epidermis.
b) Aquellas que afectan a la parte superficial de la dermis.
c) Aquellas que afectan a la parte profunda de la dermis.
d) Aquellas que afectan a músculos o tendones.
e) Aquellas que afectan a hueso.

66. Las quemaduras de segundo grado profundas son:

a) Aquellas que afectan a la epidermis.
b) Aquellas que afectan a la parte superficial de la dermis.

c) Aquellas que afectan a la parte profunda de la dermis.
d) Aquellas que afectan a músculos o tendones.
e) Aquellas que afectan al hueso.

67. Las quemaduras de cuarto grado son:

a) Aquellas que afectan a la epidermis.
b) Aquellas que afectan a la parte profunda de la dermis.
c) Aquellas que afectan a músculos o tendones.
d) Aquellas que afectan a huesos.
e) c y d son correctas.

68. El tiempo de curación de una quemadura de segundo grado superficial varía:

a) Entre 3 - 5 días.
b) Entre 10 - 15 días.
c) Entre 3 - 4 semanas.
d) Entre 6 - 8 semanas.
e) Entre 3 - 4 meses.

69. El tiempo de curación de una quemadura de segundo grado profunda varía:

a) Entre 5 - 8 días.
b) Entre 1 - 2 semanas.
c) Entre 3 - 4 semanas.
d) Entre 2 - 3 meses.
e) Entre 4 - 5 meses.

70. El tiempo de curación de una quemadura de primer grado varía:

a) Entre 3 - 5 días.
b) Entre 1 - 2 días.
c) Entre 8 - 10 días.
d) Entre 2 - 3 semanas.
e) Ninguna es correcta.

71. Si un paciente presenta quemaduras en la totalidad de la extremidad inferior derecha, en el tronco anterior y en los genitales, ¿qué porcentaje de SCA (superficie corporal quemada) tendría según la regla de los 9?

a) 36%.
b) 27%.

c) 18%.
d) 45%.
e) 37%.

72. La fórmula de BAUX que establece el porcentaje de mortalidad del quemado está en relación con:

a) Tipo de quemadura y superficie quemada.
b) Profundidad de la quemadura y edad del paciente.
c) Superficie quemada y edad del paciente.
d) Tipo de quemadura y edad del paciente.
e) Profundidad de la quemadura y superficie quemada.

73. Señale la opción incorrecta. El tratamiento de las quemaduras leves está basado en:

a) Analgesia adecuada.
b) Lavado de la lesión.
c) Profilaxis antitetánica.
d) Reposición del volumen plasmático.
e) Quimioterapia local.

74. Si una quemadura de tercer grado afecta a menos del 5% de superficie corporal se considera:

a) Leve.
b) Grave.
c) Moderada.
d) Muy grave.
e) Gravísima.

75. En una quemadura grave se debe prevenir fundamentalmente:

a) Insuficiencia renal.
b) Shock.
c) Flictena.
d) Eritema.
e) a y b son correctas.

76. Para contrarrestar los efectos de la pérdida de volemia en las quemaduras graves, ¿qué es lo primero que se debe administrar?

a) Albúmina.
b) Plasma.

c) Coloides.
d) Cristaloides.
e) Ninguna es correcta.

77. Entre los criterios que se tienen en cuenta para la derivación al hospital por quemaduras destaca:

a) Cualquier quemadura que abarque más del 20% de superficie corporal quemada.
b) Quemaduras con inhalación de gases y humos.
c) Cualquier quemadura circunferencial de extremidades y tórax.
d) Quemaduras en regiones especiales, por el grave riesgo que conllevan.
e) Todas son correctas.

78. Para evitar la infección en una quemadura se utilizan agentes tópicos como:

a) Violeta de Genciana.
b) Povidona Yodada.
c) Sulfadiacina argéntica.
d) Mercurocromo.
e) b y c son correctas.

79. En fluidoterapia, ¿cuál es el producto de elección a administrar en las primeras 24 horas tras la quemadura?

a) Bicarbonato.
b) Suero fisiológico.
c) Plasma.
d) Rínger lactato.
e) Albúmina.

80. En fluidoterapia, ¿cuál es el producto de elección a administrar en la hora 25 a 48 tras la quemadura?

a) Bicarbonato.
b) Suero fisiológico.
c) Plasma.
d) Suero glucosado al 5%.
e) c y d son correctas.

81. En un paciente que presenta quemaduras graves se debe obtener una diuresis de:

a) Al menos 30 - 50 ml/hora.
b) Al menos 70 - 90 ml/hora.

c) Al menos 100 - 120 ml/hora.
d) Al menos 130 - 160 ml/hora.
e) Al menos 170 - 200 ml/hora.

82. Entre los objetivos del tratamiento tópico de las quemaduras destaca:

a) Combatir la infección.
b) Favorecer la epitelización.
c) Calmar el dolor.
d) Todas son correctas.
e) a y b son correctas.

83. La definición de fractura se conoce como:

a) Aquella interrupción de continuidad del hueso y se define según tipo y magnitud.
b) Es la fragmentación del hueso.
c) Es aquel traumatismo que afecta a una parte del organismo.
d) Una interrupción de la continuidad del hueso aunque puede no estar relacionada con él.
e) Ninguna de las anteriores.

84. Las fuerzas que pueden ocasionar una fractura son:

a) Siempre son fuerzas directas.
b) Fuerzas tangenciales o indirectas.
c) Fuerzas de gran magnitud.
d) Fuerzas directas o indirectas.
e) Ninguna de las anteriores.

85. Fractura abierta es aquella que:

a) Se produce sin posibilidad de tratamiento quirúrgico.
b) Afecta a músculos y vísceras.
c) Perfora la piel o la mucosa.
d) Un fragmento de hueso se encaja firmemente en otro.
e) Ninguna.

86. Si resulta una fractura de la tracción que ejerce un ligamento o tendón sobre el hueso afectado se llamará fractura:

a) Impactada.
b) Epifisiaria.
c) Segmentaria.

d) Estrellada.
e) Por arrancamiento.

87. Si en la fractura se observa desprendimiento de varios fragmentos óseos se llamará:

a) En espiral.
b) Con hundimiento.
c) Transversa.
d) Conminuta.
e) Múltiple.

88. Las fracturas abiertas se clasifican en:

a) Completas e incompletas.
b) No se clasifican.
c) Parcial y total.
d) Grado I, II, y III.
e) Ninguna respuesta es válida.

89. La hemorragia de las encías se conoce como:

a) Melenas.
b) Gingivorragias.
c) Hematemesis.
d) Epistaxis.
e) Otorragias.

90. Una epistaxis es una hemorragia de:

a) El aparato digestivo.
b) El oído.
c) La nariz.
d) El conducto auditivo externo.
e) El aparato genital.

91. La hematemesis es una hemorragia:

a) Del tracto intestinal inferior.
b) Del tracto gastrointestinal superior.
c) Que se acompaña de vómitos.
d) Que se acompaña de una defecación sanguinolenta.
e) b y c.

92. La hemorragia menstrual se denomina:

a) Menorragia.
b) Hemartros.
c) Metrorragia.
d) Hematemesis.
e) Hematuria.

93. La metrorragia es una hemorragia:

a) Patológica.
b) Fisiológica.
c) Del aparato genital femenino.
d) a y c.
e) b y c.

94. Cuando se producen pequeñas hemorragias situadas debajo de la epidermis y en forma de llama se habla de:

a) Petequias.
b) Víbices.
c) Púrpura.
d) Equimosis.
e) Ninguna.

95. La pérdida de un 25% de la volemia, como consecuencia de una hemorragia traumática:

a) Es mortal.
b) Exige una transfusión de sangre inmediata.
c) Requiere la reposición del volumen de líquido perdido.
d) No precisa reponer el volumen perdido.
e) Ninguna.

96. La sangre procedente del aparato digestivo, que es expulsada con las heces, se denomina:

a) Melenas.
b) Hematemesis.
c) Petequias.
d) Hemorragia.
e) Hemartros.

97. Los cardenales en la piel se denominan también:

a) Hematuria.
b) Púrpura.
c) Gingivorragia.
d) Melenas.
e) Equimosis.

98. Para que una pérdida de sangre en un sujeto sea mortal, debe ser aproximadamente:

a) Del 10-30% de la volemia.
b) Del 30-40% de la volemia.
c) Del 40-50% de la volemia.
d) Del 50-55% de la volemia.
e) Superior al 60% de la volemia.

99. Un torniquete no puede estar colocado un tiempo superior a:

a) 10 minutos.
b) 15 minutos.
c) 20 minutos.
d) 25 minutos.
e) 30 minutos.

100. La hemorragia que aparece en una herida puede ser de origen:

a) Capilar.
b) Venoso.
c) Arterial.
d) De cualquiera de las anteriores o mixta.
e) a y b.

101. Es de origen respiratorio una de las hemorragias siguientes. Señálela Vd:

a) Melena.
b) Hemoptisis.
c) Hematemesis.
d) Todas.
e) a y c son correctas.

102. Las hemorragias externas en «sábana» se producen por roturas vasculares de tipo:

a) Arterial.
b) Venoso.

c) Capilar.
d) Por cualquiera de las anteriores.
e) Ninguna.

103. Entre los signos y síntomas más frecuentes en hemorragias internas se encuentra:

a) Presencia de sangre en el vómito.
b) Presencia de sangre por vagina o recto.
c) Hematomas en distintas zonas del cuerpo.
d) Signos y síntomas de shock.
e) Todas son correctas.

104. ¿Qué tipo de accidentes se producen con mayor frecuencia?

a) Accidentes deportivos.
b) Accidentes en lugares de ocio.
c) Accidentes de trabajo.
d) Accidentes domésticos.
e) Accidentes de tráfico.

105. A nivel estadístico los accidentes de trabajo, ¿qué porcentaje suponen?

a) 21%.
b) 8,6%.
c) 31%.
d) 35%.
e) 33%.

106. El examen físico completo que se realiza a la víctima que padece de múltiples traumatismos se lleva a cabo en:

a) La valoración Inicial.
b) La tercera valoración.
c) La segunda valoración.
d) El examen físico completo se lleva a cabo en todas las valoraciones.
e) Ninguna es correcta.

107. La primera valoración que se realiza al paciente politraumatizado no superará:

a) 1 minuto.
b) 2 minutos.
c) 3 minutos.

d) 4 minutos.
e) 5 minutos.

108. La sistemática de la valoración es:

a) Vía aérea, columna cervical, consciencia, respiración, circulación y control de hemorragias.
b) Respiración, vía aérea, columna cervical, consciencia, circulación y control de hemorragias.
c) Respiración, circulación, vía aérea y control de hemorragias.
d) Circulación, vía aérea, columna cervical, consciencia, respiración y control de hemorragias.
e) Control de hemorragias, respiración, vía aérea y circulación.

109. ¿Cómo se denomina al sistema de clasificación de los pacientes según su gravedad?

a) Tiraje.
b) Triaje.
c) Urgencia sistemática.
d) Prioridad.
e) Ninguna es correcta.

110. La clasificación de los pacientes para su asistencia sanitaria se realiza según:

a) Gravedad del lesionado.
b) Potencial de supervivencia.
c) Rapidez de actuación.
d) Edad del lesionado.
e) a y b son correctas.

111. Los colores de las etiquetas asignadas a los pacientes según la necesidad de asistencia sanitaria pueden ser:

a) Verde.
b) Azul.
c) Amarillo.
d) Rojo.
e) Todas son correctas.

112. ¿De qué color es la etiqueta de los pacientes que presentan lesiones sistémicas sin hipoxia ni shock?

a) Rojo.
b) Amarillo.

c) Verde.
d) Azul.
e) Negro.

113. ¿De qué color es la etiqueta de los pacientes que presentan lesiones que producen shock y/o hipoxia con peligro vital inmediato?

a) Amarillo.
b) Negro.
c) Verde.
d) Azul.
e) Rojo.

114. La etiqueta de color azul se asigna a los pacientes:

a) Graves recuperables.
b) Graves estables.
c) Heridos estables que pueden andar.
d) De tratamiento expectante o moribundos.
e) Fallecidos in situ.

115. Los pacientes con etiqueta amarilla pueden esperar un tiempo sin amenaza vital inmediata de:

a) 30 minutos.
b) 40 minutos.
c) 45 minutos.
d) 50 minutos.
e) 60 minutos.

116. ¿Cuál de las siguientes es una situación crítica?

a) Traumatismo craneoencefálico con disminución del nivel de conciencia.
b) Herida torácica penetrante.
c) Shock cardiogénico.
d) Obstrucción de la vía aérea.
e) Todas son correctas.

117. Una causa de hipoxia de origen respiratorio es:

a) Trastornos del ritmo cardiaco.
b) Shock hipovolémico.
c) Obstrucción de la vía aérea.

d) Infarto agudo de miocardio.
e) Quemados.

118. En la segunda valoración del paciente politraumatizado es necesario:

a) Realizar un examen neurológico.
b) Monitorizar las funciones vitales.
c) RX urgente.
d) Accesos a sistemas de soporte vital.
e) Todas son correctas.

119. ¿Cuál es la causa más frecuente de parada cardiorrespiratoria en politraumatizados?

a) Ventilación ineficaz.
b) Shock hipovolémico.
c) Edema agudo de pulmón.
d) Trastornos del ritmo cardiaco.
e) Aumento de la presión intratorácica.

120. En caso de parada cardiorrespiratoria es importante:

a) Aplicar oxígeno al 20%.
b) Intubación nasogástrica.
c) Realizar Heimlich si no hay obstrucción de la vía aérea.
d) Realizar una buena apertura de la vía aérea.
e) Ninguna es correcta.

121. En el tratamiento extrahospitalario del shock se debe:

a) Colocar al paciente en posición horizontal o Trendelemburg.
b) Aplicar oxígeno a altas concentraciones.
c) Administrar fluidos intravenosos.
d) Evacuar rápidamente al paciente al hospital.
e) Todas son correctas.

122. Las reevaluaciones completas del paciente con shock se harán cada:

a) 20 minutos.
b) 15 minutos.
c) 10 minutos.
d) 5 minutos.
e) 3 minutos.

123. Cuando se realiza el traslado urgente del paciente al hospital se debe tener en cuenta:

a) Que hay que respetar los semáforos.
b) El destino.
c) El vehículo.
d) La asistencia durante el traslado.
e) b, c y d son correctas.

124. Cuando existe shock en un paciente adulto politraumatizado, ¿qué cantidad de líquidos se infundirá en una etapa inicial?

a) 1 litro.
b) 2 litros.
c) 3 litros.
d) 4 litros.
e) 5 litros.

125. La vía venosa a elegir preferentemente a la hora de la canalización en un paciente politraumatizado es:

a) Vena cefálica.
b) Vena yugular externa.
c) Vena yugular interna.
d) Vena femoral.
e) Punción subclavia.

126. Señale la opción incorrecta. La vía venosa de elección en el paciente pediátrico es:

a) Vena del cuero cabelludo.
b) Vena safena del tobillo.
c) Vena mediana del codo.
d) Vena basílica.
e) Vena yugular externa.

127. Si una mujer embarazada presenta una disminución de la volemia circulante en un 20-35% pueden aparecer:

a) Signos de hipovolemia en la madre y repercusiones fetales.
b) No se producen signos de hipovolemia en la madre pero sí repercusiones fetales.
c) No se producen signos de hipovolemia en la madre ni tampoco repercusiones fetales.

d) Ninguna es correcta.
e) Todas son correctas.

128. En el shock hipovolémico se suele utilizar el suero Rínger Lactato en el ámbito hospitalario, ¿cuál es el inconveniente de este tipo de suero si se usa en exceso?

a) Alcalosis hiperclorémica.
b) Alcalosis metabólica.
c) Acidosis hiperclorémica.
d) Acidosis respiratoria
e) Acidosis metabólica.

129. Para reponer fluidos en un shock hipovolémico no está indicado:

a) Suero Rínger Lactato.
b) Suero Fisiológico.
c) Sangre total.
d) Drogas Vasoactivas.
e) a y b son correctas.

130. Para valorar el nivel de conciencia de un paciente politraumatizado se utiliza la escala de:

a) Glasgow.
b) Norton.
c) Velasco.
d) Apgar.
e) Ninguna es correcta.

131. El pulso femoral no se palpa por debajo de:

a) Tensión arterial sistólica 90 mmHg.
b) Tensión arterial sistólica 80 mmHg.
c) Tensión arterial sistólica 70 mmHg.
d) Tensión arterial sistólica 60 mmHg.
e) Tensión arterial sistólica 100 mmHg.

132. Entre los criterios a tener en cuenta para realizar la intubación endotraqueal de un paciente se incluyen:

a) Disnea.
b) Escala de Glasgow menor o igual a 12.
c) Apnea.

d) Uso de musculatura accesoria.
e) Todas son correctas.

133. El método de intubación denominado «método visual directo» se refiere a:

a) Intubación orotraqueal.
b) Intubación nasotraqueal.
c) Intubación con transluminación.
d) Cricotiroidotomía.
e) Traqueotomía

134. El tamaño del tubo endotraqueal para realizar la intubación orotraqueal es en adultos de:

a) 8 en mujeres y 8,5 en hombres.
b) 7 en mujeres y 7,5 en hombres.
c) 6 en mujeres y 6,5 en hombres.
d) 5 en mujeres y 5,5 en hombres.
e) 4 en mujeres y 4,5 en hombres.

135. Cuando un paciente presenta fractura mandibular y requiere de intubación se realizará la técnica:

a) Intubación orotraqueal.
b) Intubación nasotraqueal.
c) Intubación con transluminación.
d) Traqueotomía.
e) Cricotiroidotomía.

136. De los siguientes procesos, ¿cuál no requiere una toracotomía inmediata?

a) Embolismo aéreo.
b) Herida abdominal por arma de fuego.
c) Trauma abdominal penetrante con sospecha de lesión de tronco arterial.
d) Parada cardiaca o herida cardiaca en grandes vasos.
e) b y c son correctas.

137. En un traumatismo craneoencefálico no está indicado:

a) Desabrocharle la ropa para favorecer la respiración.
b) Tranquilizar al paciente.
c) Darle de beber si lo pide.
d) No manipular a la víctima.
e) Avisar al hospital para trasladarlo inmediatamente.

Solución al test nº 8

1. d) Apnea.

2. b) 130 mmHg.

3. c) La presión diastólica oscila entre 60 y 90 mmHg.

4. e) Sólo b y c.

5. a) Respiración pulmonar.

6. c) Temporal.

7. e) a y c.

8. b) Por arriba y por delante de la oreja.

9. d) Femoral.

10. a) Carótida.

11. a) Rojo.

12. c) Bradipnea.

13. d) Medir la presión arterial.

14. c) Radial.

15. c) 76%.

16. b) Sodio.

17. a) Potasio.

18. e) c y d son correctas.

19. c) 1400 cc/día.

20. e) Todas son correctas.

21. b) American Health Association.

22. d) 1982.

23. c) ERC y AHA.

24. c) Acceso rápido a un servicio de emergencia.

25. e) 26-38 por 100.000 habitantes/año.

26. a) Enfermedad coronaria.

27. c) 67.000.

28. b) Trastornos del Sistema Nervioso Central.

29. d) 8 minutos.

30. c) Cuando el reanimador esté exhausto.

31. d) 1.

32. e) Disociación electromecánica.

33. d) Heimlich.

34. d) Epigastrio.

35. b) 4 minutos.

36. b) Maniobra frente-mentón.

37. c) 2.

38. d) Posición lateral de seguridad.

39. d) Plan de actuación 4.

40. c) 5 cm.

41. d) 1 insuflación por cada 5 compresiones torácicas.

42. a) 2-3 cm.

43. c) Recuperar las funciones cerebrales de forma completa.

44. e) a y d son correctas.

45. e) Todas son correctas.

46. e) a y b son correctas.

47. d) Carótida.

48. c) Amputaciones traumáticas de miembros.

49. b) Situando el puño en el tercio medio del esternón y presionando hacia atrás.

50. b) 10 veces por minuto.

51. a) 80 pulsaciones por minuto.

52. d) Cese brusco inesperado y potencialmente reversible de la respiración y circulación.

53. b) Obstrucción completa de las vías aéreas.

54. b) Hay que esperar la orden del facultativo o autoridad competente para iniciar el masaje cardiaco.

55. d) 3.

56. e) Todas son correctas.

57. a) 9%.

58. c) 36%.

59. b) Fase aguda y subaguda.

60. c) Disminución de la diuresis.

61. c) Aumento del potasio en sangre por destrucción de los tejidos.

62. b) Subaguda.

63. e) Todas son correctas.

64. c) 9 o múltiplo de 9.

65. a) Aquellas que afectan a la epidermis.

66. c) Aquellas que afectan a la parte profunda de la dermis.

67. e) c y d son correctas.

68. b) Entre 10 - 15 días.

69. c) Entre 3 - 4 semanas.

70. a) Entre 3 - 5 días.

71. e) 37%.

72. c) Superficie quemada y edad del paciente.

73. d) Reposición del volumen plasmático.

74. a) Leve.

75. e) a y b son correctas.

76. d) Cristaloides.

77. e) Todas son correctas.

78. c) Sulfadiacina argéntica.

79. d) Ríngeer lactato.

80. e) c y d son correctas.

81. a) Al menos 30 - 50 ml/hora.

82. d) Todas son correctas.

83. a) Aquella interrupción de continuidad del hueso y se define según tipo y magnitud.

84. d) Fuerzas directas o indirectas.

85. c) Perfora la piel o la mucosa.

86. e) Por arrancamiento.

87. d) Conminuta.

88. d) Grado I, II, y III.

89. b) Gingivorragias.

90. c) La nariz.

91. e) b y c.

92. a) Menorragia.

93. d) a y c.

94. b) Víbices.

95. c) Requiere la reposición del volumen de líquido perdido.

96. a) Melenas.

97. e) Equimosis.

98. e) Superior al 60% de la volemia.

99. e) 30 minutos.

100. d) De cualquiera de las anteriores o mixta.

101. b) Hemoptisis.

102. c) Capilar.

103. e) Todas son correctas.

104. d) Accidentes domésticos.

105. c) 31%.

106. c) La segunda valoración.

107. b) 2 minutos.

108. a) Vía aérea, columna cervical, consciencia, respiración, circulación y control de hemorragias.

109. b) Triaje.

110. e) a y b son correctas.

111. e) Todas son correctas.

112. b) Amarillo.

113. e) Rojo.

114. d) De tratamiento expectante o moribundos.

115. c) 45 minutos.

116. e) Todas son correctas.

117. c) Obstrucción de la vía aérea.

118. a) Realizar un examen neurológico.

119. b) Shock hipovolémico.

120. d) Realizar una buena apertura de la vía aérea.

121. e) Todas son correctas.

122. d) 5 minutos.

123. e) b, c y d son correctas.

124. b) 2 litros.

125. a) Vena cefálica.

126. d) Vena basílica.

127. b) No se producen signos de hipovolemia en la madre pero sí repercusiones fetales.

128. c) Acidosis hiperclorémica.

129. d) Drogas Vasoactivas.

130. a) Glasgow.

131. d) Tensión arterial sistólica 60 mmHg.

132. e) Todas son correctas.

133. c) Intubación con transluminación.

134. a) 8 en mujeres y 8,5 en hombres.

135. b) Intubación nasotraqueal.

136. e) b y c son correctas.

137. c) Darle de beber si lo pide.

TEST Nº 9

TÉCNICAS BÁSICAS DE ENFERMERÍA

1. El nombre del fármaco que recoge la acción del producto químico se denomina:

a) Nombre genérico.
b) Nombre químico.
c) Marca registrada.
d) Medicamento.
e) Ninguna es correcta.

2. Todo impreso para registrar los narcóticos en un hospital consta de los siguientes apartados excepto uno, indíquelo:

a) Nombre del paciente.
b) Fecha y hora de administración.
c) Nombre del fármaco.
d) Nombre del médico que lo prescribió.
e) Espacio reservado para el sello y firma del farmacéutico.

3. El efecto primario pretendido de un fármaco (la razón por la cual se prescribe) se denomina:

a) Efecto lateral.
b) Efecto terapéutico.

c) Toxicidad de un fármaco.
d) Efecto idiosincrásico.
e) Efecto acumulativo.

4. Cuando una persona es incapaz de metabolizar una dosis de un fármaco antes de recibir la siguiente se denomina:

a) Tolerancia a un fármaco.
b) Efecto idiosincrásico.
c) Efecto acumulativo.
d) Efecto secundario.
e) Efecto terapéutico.

5. La concentración mantenida de un medicamento en el plasma durante una serie de dosis programadas, se denomina:

a) Comienzo de la acción.
b) Pico del nivel de plasma.
c) Vida media de un medicamento.
d) Meseta.
e) a y d son correctas.

6. Al tiempo que pasa desde que se administra la medicación hasta que el organismo comienza su respuesta a la misma se denomina:

a) Vida media de un medicamento.
b) Comienzo de la acción.
c) Pico del nivel de plasma.
d) Meseta.
e) Absorción.

7. Al proceso por el cual el fármaco es convertido en una forma menos activa se le llama:

a) Absorción.
b) Vida media de un medicamento.
c) Biotransformación biológica.
d) Eliminación.
e) Distribución.

8. La mayor parte de los metabolitos producidos por un fármaco son eliminados del organismo a través de:

a) Heces.
b) Respiración.

c) Orina.
d) Sudor.
e) Saliva.

9. Los anestésicos generales se excretan por vía:

a) Renal.
b) Hepática.
c) Digestiva.
d) Respiratoria.
e) Circulatoria.

10. La mayoría de las transformaciones biológicas ocurren en el:

a) Hígado.
b) Riñón.
c) Páncreas.
d) Bazo.
e) Ninguna es correcta.

11. Entre los factores que afectan a la absorción de un fármaco destaca:

a) La comida.
b) Medio ácido del estómago.
c) Forma de administración.
d) Algunas combinaciones de medicamentos.
e) Todas son correctas.

12. ¿Qué definición de farmacocinética es la más correcta?

a) Es la parte de la farmacología que estudia el movimiento de los fármacos en el organismo en función del tiempo y la dosis.
b) Es la ciencia que estudia el desplazamiento de los fármacos en torno a la célula.
c) Es la parte de la farmacología que estudia la absorción y distribución de los fármacos en el organismo.
d) Es la parte de la farmacología que estudia la distribución y excreción de los fármacos en el organismo.
e) Ninguna de las anteriores es correcta.

13. ¿De qué dependen las concentraciones alcanzadas de un fármaco en un momento preciso?

a) De la cantidad de droga administrada.
b) De la velocidad de absorción.

c) De la excreción.
d) a y b son ciertas.
e) Todas son ciertas.

14. ¿Cómo se define la absorción de un determinado fármaco?

a) Como la velocidad a la que una determinada droga se une a las proteínas que le permitirán introducirse dentro de la célula.
b) El tiempo que transcurre desde que el fármaco pasa al torrente sanguíneo hasta que deja de tener efecto.
c) Proceso por el cual un fármaco es trasladado desde el lugar de administración hasta la sangre.
d) Proceso de transporte de un fármaco dentro del compartimento sanguíneo y su posterior penetración en los tejidos.
e) Cantidad y forma en que un fármaco llega a la circulación sistémica y está disponible para llegar a los tejidos y producir su efecto.

15. ¿De qué factores depende la absorción de un fármaco?

a) De la solubilidad.
b) De la capacidad para cruzar las membranas biológicas.
c) De la vía de administración.
d) a y b son ciertas.
e) Todas son ciertas.

16. La concentración de droga necesaria para lograr la acción farmacológica deseada se denomina:

a) Dosis absorbida.
b) Concentración mínima eficaz.
c) Coeficiente de partición.
d) Gradiente de concentración de soluto.
e) Hemoconcentración.

17. ¿Cuál de las siguientes vías de administración medicamentosa es la que posee una absorción más rápida?

a) Vía oral.
b) Vía intramuscular.
c) Vía intravenosa.
d) Vía subcutánea.
e) La absorción no depende de la vía de administración.

18. ¿Cuál de las siguientes opciones define mejor el concepto de distribución en farmacología?

a) Es el tiempo que transcurre desde que el fármaco pasa al torrente sanguíneo hasta que deja de tener efecto.
b) Es el proceso de transporte del fármaco dentro del compartimento sanguíneo y su posterior penetración en los tejidos.
c) Es el proceso por el cual un fármaco es trasladado desde el sitio de administración hasta la sangre.
d) Es la velocidad a la que una determinada droga se une a las proteínas que le permitirán introducirse dentro de la célula.
e) Es la cantidad y forma en que un fármaco llega a la circulación sistémica y está disponible para producir su efecto.

19. ¿A través de qué mecanismos penetran los fármacos por las membranas biológicas?

a) Por difusión pasiva.
b) Pinocitosis.
c) Por filtración en las hendiduras intracelulares.
d) a y c son ciertas.
e) Todas son ciertas.

20. ¿A qué se denomina en farmacología biotransformación?

a) A las transformaciones que sufre un determinado organismo tras entrar en contacto con una droga.
b) Al proceso por el cual el organismo convierte un fármaco en un compuesto distinto al administrado originariamente.
c) A las transformaciones que debido al paso del tiempo sufre una droga.
d) A las transformaciones que suceden en un organismo y una droga al entrar en contacto.
e) A las diferentes reacciones que un mismo organismo, dependiendo de su edad biológica, tiene ante una droga.

21. ¿A qué se debe la disminución de la concentración de un fármaco en el organismo?

a) Al proceso de biotransformación que sufre.
b) A la excreción por diferentes vías de dicho fármaco.
c) A la distribución del fármaco.
d) a y b son ciertas.
e) Todas son ciertas.

22. ¿Cuál de las siguientes vías es empleada por el organismo para eliminar los fármacos?

a) Epitelios descamados.
b) Sudor.
c) Urinaria.
d) Biliar entérica.
e) Todas las anteriores.

23. ¿A qué se denomina en farmacología constante de afinidad?

a) A la batería de órganos diana sobre los que actúa un determinado fármaco.
b) A la capacidad constante de un fármaco para combinarse con unos receptores determinados.
c) A la tendencia de una droga para producir efectos similares.
d) A la concentración de droga necesaria para lograr la acción farmacológica deseada.
e) A la cantidad fija de droga que tras realizar su efecto farmacológico es excretada por el organismo.

24. ¿Cómo se denominan los fármacos que interaccionan con un receptor sin provocar respuesta pero que impiden la interacción del receptor con otro fármaco activo?

a) Agonistas.
b) Inactivos.
c) Antagonistas.
d) Inocuos.
e) Ninguna es cierta.

25. Si un fármaco interacciona con un receptor sin provocar respuesta pero impide la interacción del receptor con otro fármaco activo, hasta que éste alcance concentraciones crecientes, se denomina:

a) Agonista.
b) Antagonista no competitivo.
c) Antagonista.
d) Antagonista competitivo.
e) Ninguna de las anteriores.

26. ¿Qué mide en farmacología la potencia de un fármaco?

a) La eficacia de una determinada droga.
b) La dosis necesaria para producir un efecto concreto de una determinada intensidad.

c) El tiempo de duración de un determinado efecto farmacológico.
d) La peligrosidad a la hora de la utilización de un fármaco.
e) El tiempo en que una determinada cantidad de fármaco producirá el efecto esperado.

27. ¿Cuál de las siguientes afirmaciones es cierta, al hablar de la potencia de un fármaco?

a) Indica la dosis necesaria para producir un determinado efecto.
b) Es un indicador directo de la eficacia de una droga.
c) Varia en razón inversa a la dosis requerida para producir el efecto.
d) a y c son ciertas.
e) Todas son ciertas.

28. ¿Cuál de las siguientes afirmaciones es cierta, al hablar de la afinidad de un fármaco?

a) Varía en razón inversa a la dosis requerida para producir el efecto.
b) Mide la tendencia de un fármaco para fijarse a un determinado receptor.
c) Afecta a la potencia del fármaco.
d) b y c son ciertas.
e) Todas son ciertas.

29. ¿Cómo se transportan los fármacos una vez que penetran en el torrente sanguíneo?

a) Disueltos en el plasma.
b) Incorporados a las células.
c) Fijados a proteínas plasmáticas.
d) a y c son ciertas.
e) Todas son ciertas.

30. ¿De qué factores depende la velocidad en que un fármaco abandone el torrente circulatorio para pasar a los diferentes tejidos del organismo?

a) De su peso molecular.
b) De su solubilidad en lípidos.
c) De su estado físico de agregación.
d) a y b son ciertas.
e) Todas son ciertas.

31. ¿Por qué se considera de forma especial la distribución de fármacos en el SNC?

a) Porque los capilares cerebrales carecen de poros intercelulares y vesículas pinocitóticas.

b) Por lo delicado del propio SNC.
c) Porque para acceder a él los medicamentos deben sortear la barrera hematoencefálica.
d) a y c son ciertas.
e) Todas son ciertas.

32. El nombre del fármaco que recoge la acción del producto químico se denomina:

a) Nombre genérico.
b) Nombre químico.
c) Marca registrada.
d) Medicamento.
e) Ninguna es correcta.

33. La adrenalina y dopamina pertenecen al grupo de los fármacos:

a) Simpaticolíticos.
b) Simpaticomiméticos.
c) Antiarrítmicos.
d) Paraaminofenoles.
e) Digitálicos.

34. ¿Cuál de los siguientes efectos farmacológicos no es propio de la adrenalina?

a) Aumento de la frecuencia cardiaca.
b) Broncodilatación.
c) Miosis.
d) Relajación tractointestinal.
e) Hiperglucemia.

35. ¿Cuál de las siguientes afirmaciones no es cierta con respecto a los fármacos β-bloqueantes?

a) Se incluyen dentro de los fármacos simpaticolíticos.
b) Tienen una acción agonista sobre los receptores beta.
c) Reducen la frecuencia cardiaca.
d) Aumentan la resistencia bronquial.
e) Se suelen emplear como antiarrítmicos.

36. Los fármacos adrenérgicos actúan:

a) Sobre el sistema nervioso de relación.
b) Sobre el sistema nervioso vegetativo simpático.

c) Sobre el sistema nervioso vegetativo parasimpático.
d) a y b son ciertas.
e) Ninguna de las anteriores es cierta.

37. Los fármacos colinérgicos actúan:

a) Sobre el sistema nervioso de relación.
b) Sobre el sistema nervioso vegetativo simpático.
c) Sobre el sistema nervioso vegetativo parasimpático.
d) a y b son ciertas.
e) Ninguna de las anteriores es cierta.

38. La acetilcolina es un fármaco:

a) Agonista colinérgico de acción muscarínica.
b) Parasimpaticomimético.
c) Simpaticomimético.
d) a y b son ciertas.
e) Todas son ciertas.

39. La atropina es un fármaco:

a) Parasimpaticolítico.
b) Antagonista de los receptores colinérgicos muscarínicos.
c) Que aumenta la frecuencia cardiaca.
d) a y c son ciertas.
e) Todas son ciertas.

40. Las benzodiacepinas y los barbitúricos se incluyen dentro del grupo de los fármacos con propiedades:

a) Cardiotónicas.
b) Hipnóticas.
c) Broncodilatadoras.
d) Antiarrítmicas
e) Antihipertensivas.

41. ¿Cuál de los siguientes fármacos destaca por sus propiedades anticonvulsionentes?

a) Fenobarbital.
b) Carbamacepina.
c) Fenitoína.
d) Valproato sódico.
e) Todos los anteriores.

42. Los fármacos inhibidores de la MAO, se emplean principalmente por su acción:

a) Antidepresiva.
b) Ansiolítica.
c) Antihipertensiva.
d) a y b son ciertas.
e) Todas las anteriores son ciertas.

43. ¿En cuál de los siguientes cuadros patológicos se suele emplear la morfina?

a) Edema agudo de pulmón.
b) Tratamiento del dolor intenso.
c) Cuadros diarreicos intensos.
d) En todos los anteriores.
e) La morfina ya no se emplea en farmacología.

44. ¿Cuál de las siguientes opciones es cierta con referencia a la naloxona?

a) Antagoniza la acción de los fármacos opiáceos.
b) Se emplea para revertir depresiones del SNC producida por heroína.
c) Tiene en sí misma pocos efectos adversos.
d) a y b son ciertas.
e) Todas son ciertas.

45. ¿Cuál de las siguientes funciones se destaca de los AINE?

a) Acción analgésica.
b) Acción antitérmica.
c) Acción antiinflamatoria.
d) a y c son ciertas.
e) Todas son ciertas.

46. ¿Cuáles son los principales efectos indeseables de los salicilatos?

a) Lesiones gastrointestinales.
b) Erupciones dérmicas.
c) Lesiones renales.
d) a y c son ciertas.
e) Todas son ciertas.

47. Entre los derivados del ácido propiónico destacan:

a) Ibuprofeno.
b) Ketorolaco.

c) Naproxeno.
d) a y c son ciertas.
e) Todas son ciertas.

48. Entre los derivados del ácido acético destacan:

a) Diclofenaco.
b) Ketorolaco.
c) Ibuprofeno.
d) a y b son ciertas.
e) Todas son ciertas.

49. ¿Qué efectos adversos puede producir la sobredosis de fármacos digitálicos?

a) Náuseas y vómitos.
b) Alteración en la percepción de los colores.
c) Arritmias cardiacas.
d) a y c son ciertas.
e) Todas son ciertas.

50. ¿Cuál de los siguientes fármacos destacan por su carácter inotrópico?

a) Dopamina.
b) Lidocaína.
c) Dobutamina.
d) a y c son ciertas.
e) Todas son ciertas

51. ¿Cuál de los siguientes fármacos no se encuentra entre los utilizados por su carácter antiarrítmico?

a) Lidocaína.
b) Ketorolaco.
c) Amiodarona.
d) Propanolol.
e) Quinidina.

52. ¿Cuáles son las principales aplicaciones terapéuticas de la lidocaína?

a) Arritmias ventriculares asociadas a IAM.
b) Bradicardias severas.
c) Prevención de fibrilación ventricular.
d) a y c son ciertas.
e) Todas son ciertas.

53. ¿Cuál de los siguientes grupos de fármacos puede emplearse en el control de la hipertensión arterial?

a) Diuréticos.
b) Vasodilatadores arteriales.
c) Bloqueantes de los receptores b o a adrenérgicos.
d) a y c son ciertas.
e) Todas son ciertas.

54. ¿Cuál es la principal reacción adversa que puede provocar el empleo de diuréticos?

a) Bradicardias.
b) Hipopotasemia.
c) Desorientación, mareos.
d) Sedación.
e) Vómitos.

55. ¿Cuál de los siguientes grupos de fármacos no se incluye dentro de los utilizados por su capacidad de suprimir el dolor anginoso?

a) Teofilinas.
b) Bloqueantes beta adrenérgicos.
c) Antagonistas del calcio.
d) Nitratos.
e) Todos pueden emplearse para esa función.

56. ¿Cuáles son las principales acciones terapéuticas de las teofilinas?

a) Broncodilatación.
b) Activación generalizada del SNC.
c) Estimulación de la contractibilidad cardiaca.
d) a y c son ciertas.
e) Todas son ciertas.

57. ¿En qué ocasiones puede estar recomendado el uso de fármacos antitusígenos?

a) Cuando exista tos productiva.
b) Cuando exista tos improductiva.
c) Cuando la tos es tan intensa que interfiere seriamente el descanso del enfermo.
d) b y c son ciertas.
e) Ninguna es cierta.

58. ¿Cuál de los siguientes grupos de fármacos pueden utilizarse por su capacidad de inhibir la motilidad gastrointestinal?

a) Opiáceos.
b) Fármacos anticolinérgicos.
c) Inhibidores de la ECA.
d) a y b son ciertas.
e) Todas son ciertas.

59. ¿Cuál de los siguientes grupos de fármacos suelen utilizarse en el tratamiento del estreñimiento?

a) Lubricantes.
b) Laxantes osmóticos.
c) Estimulantes por contacto.
d) a y b son ciertas.
e) Todas son ciertas.

60. ¿Cuál de los siguientes grupos de fármacos suelen utilizarse en el tratamiento de la úlcera gastroduodenal?

a) Antihistamínicos.
b) Inhibidores de la bomba de calcio.
c) Antiácidos.
d) a y c son ciertas.
e) Todas son ciertas.

61. El nitroprusiato sódico, la guanetidina, el minoxidil y la hidralacina, forman parte de la farmacología utilizada en el tratamiento de:

a) La alopecia.
b) La hipertensión.
c) Los dolores anginosos.
d) El parkinson.
e) La ansiedad.

62. La heroína y la morfina se incluyen dentro del grupo de:

a) Los opiáceos.
b) Las benzodiacepinas.
c) Las drogas duras.
d) Depresores del centro respiratorio.
e) Son ciertas las opciones a y d.

63. ¿Cuál es la tríada característica de la intoxicación por opiáceos?

a) Midriasis, taquicardia y vómitos.
b) Miosis puntiforme, hipoventilación y coma.
c) Taquicardia, estupor y náuseas.
d) Alcalosis respiratoria, midriasis y diaforesis.
e) Náuseas, vómitos y dolor abdominal.

64. El delta-9-tetrahidrocannabinol es una sustancia tóxica que se encuentra en:

a) El hachís.
b) La marihuana.
c) La planta del cáñamo.
d) Algunas drogas de diseño.
e) Son ciertas las opciones a, b y c.

65. El antídoto en las intoxicaciones por paracetamol es:

a) Naloxona.
b) Flumacenil.
c) N-acetilcisteína.
d) EDTA-dicobalto.
e) No hay antídoto por ser excepcional la intoxicación por este producto.

66. Los compuestos que contienen diacepan, cloracepato, nitracepan, midazolan... se incluyen dentro del grupo de:

a) Los opiáceos.
b) Los AINE.
c) Los IMAO.
d) Las benzodiacepinas.
e) Insecticidas organofosforados.

67. El antagonista específico de las benzodiacepinas se denomina:

a) Naloxona.
b) Flumacenil.
c) N-acetilcisteína.
d) EDTA-dicobalto.
e) Dexametasona.

68. ¿Cuál es el antídoto en las intoxicaciones por arsénico?

a) Naloxona.
b) Flumacenil.

c) N-acetilcisteína.
d) Dimercaprol (BAL).
e) EDTA-dicobalto.

69. El Oxígeno es un gas:

a) Inodoro.
b) Altamente inflamable.
c) Explosivo.
d) Incoloro.
e) Todas.

70. La oxigenoterapia está indicada en:

a) Insuficiencia respiratoria.
b) Intoxicaciones por gases bloqueantes de la hematosis.
c) Situaciones de asfixia.
d) En todos los casos anteriores.
e) En ninguno de los casos anteriores.

71. Las balas de oxígeno:

a) Contienen oxígeno a presión superior a 1 atmósfera.
b) Son de diferentes tamaños.
c) Son el sistema más utilizado a la cabecera del paciente en grandes hospitales.
d) Todas.
e) a y b.

72. El Oxígeno se administra habitualmente a los enfermos:

a) Mezclado con aire.
b) En estado puro.
c) Humidificado.
d) Todas.
e) a y c.

73. La administración de oxígeno en el medio hospitalario se realiza:

a) En forma de balas o bombonas.
b) Desde la Central de Oxígeno, mediante tuberías que llegan a la cabecera de la cama.
c) Utilizando un frasco humidificador.
d) Haciendo uso de un caudalímetro.
e) b, c y d son correctas.

74. Se considera un sistema de circuito abierto para la administración de oxígeno a los pacientes:

a) La tienda de oxígeno.
b) Gafas nasales.
c) Catéter nasal.
d) a y c.
e) b y c.

75. Se considera un sistema de circuito cerrado para la administración de oxígeno:

a) La tienda de oxígeno.
b) La sonda nasal.
c) La campana de oxígeno.
d) La mascarilla oronasal.
e) a y c.

76. Para la administración de concentraciones bajas de oxígeno se usa:

a) Gafas nasales.
b) Tienda de oxígeno.
c) Mascarilla oronasal
d) a y c.
e) Ninguna.

77. La tienda de oxígeno se usa:

a) En adultos sobre todo.
b) En niños pequeños.
c) Cuando interesa que quede fuera de la tienda el resto del cuerpo.
d) En todos los casos.
e) En ninguno.

78. Una mascarilla que presenta la numeración 28/4 indica que:

a) Para conseguir una concentración de oxígeno del 28% hay que administrar un flujo de 4 litros por minuto.
b) Para conseguir una concentración de oxígeno del 4% hay que administrar un flujo de 28 litros por minuto.
c) Para conseguir una concentración de oxígeno del 28% hay que mantener el flujo durante 4 h.
d) Durante cuatro horas es necesario mantener un flujo del 28%.
e) Todas son falsas.

79. Hay en el mercado mascarillas nasales:

a) 24/2.
b) 28/4.
c) 35/6.
d) Todas.
e) Ninguna.

80. Para evitar accidentes durante la administración de oxígeno hay que tomar, entre otras, algunas medidas importantes. ¿Cuál de ellas considera que no es necesaria?

a) Evitar fumar al lado del paciente.
b) Controlar la temperatura de la habitación.
c) Ajustar el flujo, humedad y concentración de oxígeno a lo que ha prescrito el facultativo.
d) Todas son necesarias.
e) Ninguna lo es.

81. Las mascarillas más utilizadas en la administración de oxígeno son aquellas que permiten administrar una concentración entre:

a) 24-28%.
b) 28-30%.
c) 30-33%.
d) 33-36%.
e) 36-40%.

82. Las mascarillas de administración de oxígeno están preparadas para administrar una concentración que puede oscilar entre:

a) 24-40%.
b) 28-30%.
c) 30-33%.
d) 33-36%.
e) 36-40%.

83. El frasco humidificador:

a) Contiene agua destilada.
b) Contiene aire solamente.
c) No es necesario utilizarlo cuando se toma el oxígeno de la Central de Oxígeno.
d) Todas son correctas.
e) Todas son falsas.

84. En la composición del aire alveolar no se encuentra:

a) Nitrógeno.
b) Oxígeno.
c) Bicarbonato sódico.
d) Dióxido de carbono.
e) Agua.

85. Un sistema de circuito abierto en la administración de Oxígeno no incluye:

a) Mascarillas oronasales.
b) Campana de oxígeno.
c) Gafas nasales.
d) Sondas nasales.
e) Catéteres nasales.

86. El Ventimask es:

a) Una mascarilla oronasal.
b) Unas gafas nasales.
c) Una tienda de oxígeno.
d) Una campana de oxígeno.
e) Un catéter nasal.

87. ¿Qué significado tiene la administración de oxigenoterapia a un enfermo ingresado en el servicio de Neumología de un hospital a la concentración 25/2?

a) Que se le administran 25 l en 2 minutos.
b) Que se le administran 2 l en 25 minutos.
c) Que se le administran 25 l/min al 2%.
d) Que se le administran 2 l/min al 25%.
e) Que se le administran 2 l al 25%.

88. El intercambio de gases que se produce en los pulmones al respirar se conoce como:

a) Respiración.
b) Hematosis.
c) Inspiración.
d) Espiración.
e) Eupnea.

89. La Hipotermia cursa con una temperatura corporal inferior a:

a) 26 ºC.
b) 36 ºC.
c) 38 ºC.
d) 38,5 ºC
e) 40 ºC.

90. La respiración de Küssmaul se produce en situaciones de:

a) Dolor intenso.
b) Acidosis metabólica.
c) Alcalosis metabólica.
d) Asma.
e) Bronquitis crónica.

91. Cuando un paciente al acostarse presenta sensación de dificultad respiratoria se habla de:

a) Ortopnea.
b) Disnea.
c) Taquipnea.
d) Bradipnea.
e) Apnea.

92. El VR (Volumen Residual) pulmonar es de:

a) 1.200 ml aproximadamente.
b) 500 ml.
c) 5 l.
d) 1.000 ml.
e) 3.500 ml.

93. El material necesario para realizar la toma de temperatura a un paciente no incluye:

a) Gasas.
b) Desinfectante.
c) Pinzas.
d) Algodón.
e) Cuaderno para anotar la lectura.

94. Una frecuencia respiratoria de 10 respiraciones por minuto en una persona joven y adulta, se califica de:

a) Taquipnea.
b) Bradipnea.
c) Bradicardia
d) Eupnea.
e) Polipnea.

95. En un adulto joven y sano la frecuencia respiratoria es de:

a) 10 respiraciones/minuto.
b) 15 respiraciones/minuto.
c) 25 respiraciones/minuto.
d) 30 respiraciones/minuto.
e) 35 respiraciones/minuto.

Solución al test nº 9

1. a) Nombre genérico.

2. e) Espacio reservado para el sello y firma del farmacéutico.

3. b) Efecto terapéutico.

4. c) Efecto acumulativo.

5. d) Meseta.

6. b) Comienzo de la acción.

7. c) Biotransformación biológica.

8. c) Orina.

9. d) Respiratoria.

10. a) Hígado.

11. e) Todas son correctas.

12. a) Es la parte de la farmacología que estudia el movimiento de los fármacos en el organismo en función del tiempo y la dosis.

13. e) Todas son ciertas.

14. c) Proceso por el cual un fármaco es trasladado desde el lugar de administración hasta la sangre.

15. e) Todas son ciertas.

16. b) Concentración mínima eficaz.

17. c) Vía intravenosa.

18. b) Es el proceso de transporte del fármaco dentro del compartimento sanguíneo y su posterior penetración en los tejidos.

19. e) Todas son ciertas.

20. b) Al proceso por el cual el organismo convierte un fármaco en un compuesto distinto al administrado originariamente.

21. d) a y b son ciertas.

22. e) Todas las anteriores.

23. b) A la capacidad constante de un fármaco para combinarse con unos receptores determinados.

24. c) Antagonistas.

25. d) Antagonista competitivo.

26. b) La dosis necesaria para producir un efecto concreto de una determinada intensidad.

27. d) a y c son ciertas.

28. e) Todas son ciertas.

29. e) Todas son ciertas.

30. e) Todas son ciertas.

31. d) a y c son ciertas.

32. a) Nombre genérico.

33. b) Simpaticomiméticos.

34. c) Miosis.

35. b) Tienen una acción agonista sobre los receptores beta.

36. b) Sobre el sistema nervioso vegetativo simpático.

37. c) Sobre el sistema nervioso vegetativo parasimpático.

38. d) a y b son ciertas.

39. e) Todas son ciertas.

40. b) Hipnóticas.

41. e) Todos los anteriores.

42. d) a y b son ciertas.

43. d) En todos los anteriores.

44. e) Todas son ciertas.

45. e) Todas son ciertas.

46. e) Todas son ciertas.

47. d) a y c son ciertas.

48. d) a y b son ciertas.

49. e) Todas son ciertas.

50. d) a y c son ciertas.

51. b) Ketorolaco.

52. d) a y c son ciertas.

53. e) Todas son ciertas.

54. b) Hipopotasemia.

55. a) Teofilinas.

56. e) Todas son ciertas.

57. d) b y c son ciertas.

58. d) a y b son ciertas.

59. e) Todas son ciertas.

60. e) Todas son ciertas.

61. b) La hipertensión.

62. e) Son ciertas las opciones a y d.

63. b) Miosis puntiforme, hipoventilación y coma.

64. e) Son ciertas las opciones a, b y c.

65. c) N-acetilcisteína.

66. d) Las benzodiacepinas.

67. b) Flumacenil.

68. d) Dimercaprol (BAL).

69. e) Todas.

70. d) En todos los casos anteriores.

71. e) a y b.

72. e) a y c.

73. e) b, c y d son correctas.

74. e) b y c.

75. e) a y c.

76. d) a y c.

77. b) En niños pequeños.

78. a) Para conseguir una concentración de oxígeno del 28% hay que administrar un flujo de 4 litros por minuto.

79. d) Todas.

80. d) Todas son necesarias.

81. a) 24-28%.

82. a) 24-40%.

83. a) Contiene agua destilada.

84. c) Bicarbonato sódico.

85. b) Campana de oxígeno.

86. a) Una mascarilla oronasal.

87. d) Que se le administran 2 l/min al 25%.

88. b) Hematosis.

89. b) 36 ºC.

90. b) Acidosis metabólica.

91. a) Ortopnea.

92. a) 1.200 ml aproximadamente.

93. c) Pinzas.

94. b) Bradipnea.

95. b) 15 respiraciones/minuto.

TEST Nº 10

MAD

ATENCIÓN AL PACIENTE CRÓNICO

1. ¿Con qué nombre se conoce al periodo durante el cual la enfermedad está controlada y no se manifiestan claramente los síntomas?

a) Fase de curación.
b) Fase de remisión.
c) Fase de meseta.
d) Fase de declinación.

2. ¿Cuál de las siguientes enfermedades no es de aparición frecuente a partir de los 65 años?

a) Enfermedad de Crohn.
b) Diabetes.
c) Enfermedades cardiacas e hipertensión arterial.
d) Artritis.

3. Los ancianos, a la medida que cumplen años, suelen ir quedando relegados de la vida social. Esta «marginación» se apoya en la creencia de que los años hacen que disminuyan o se pierdan determinadas capacidades. ¿Cuál de las siguientes capacidades que se enumeran no es cierto que disminuya con la edad?

a) Capacidades físicas.
b) Capacidades psíquicas.

c) Capacidad adquisitiva.
d) Ninguna de las anteriores capacidades disminuye con la edad.
e) Todas las anteriores capacidades disminuyen con la edad.

4. La evolución de la estructura familiar ha influido en gran medida en la situación de aislamiento y soledad de los ancianos. ¿Cuál de los siguientes factores cree que ha propiciado este cambio de la estructura familiar?

a) El desarrollo industrial.
b) La disminución de la natalidad.
c) Las características de la vivienda.
d) a y c son ciertas.
e) Todas son ciertas.

5. ¿Cuál de las siguientes características no es propia de la vida del anciano en el medio rural?

a) Mayor comunicación entre las personas.
b) Viviendas más grandes.
c) Jubilación radical.
d) Más contacto familiar.
e) Más tiempo libre unido al trabajo.

6. ¿Cuál de las siguientes características es propia de la vida del anciano en el medio urbano?

a) Tiempo libre estrictamente organizado.
b) Viviendas pequeñas y con acceso difícil.
c) Jubilación radical.
d) a y c son ciertas.
e) Todas son ciertas.

7. ¿Qué porcentaje de la población de ancianos sufre trastornos de carácter depresivo?

a) Entre un 3 y un 5%.
b) Igual porcentaje que en los no ancianos.
c) En torno a un 15%.
d) Entre un 40 y un 60%.
e) En los hombres está por encima del 50%.

8. ¿Qué normas básicas debemos seguir con los ancianos que muestran tendencias suicidas?

a) Adoptar medidas de seguridad en su entorno; retirar objetos y productos peligrosos.

b) No tener en cuenta las amenazas pues es una forma de reclamar nuestra atención.

c) No dejarlos solos y alertar a la familia.
d) a y c son ciertas.
e) Todas son ciertas.

9. ¿Cuál de los siguientes ítems no se encuentra entre los objetivos a conseguir con los cuidados destinados a prevenir el aislamiento social?

a) Mejora de la autoestima.
b) Prever formas rápidas de hospitalización.
c) Estimular la comunicación verbal.
d) Mejorar el estado emocional.
e) Identificar los prolegómenos de un posible proceso depresivo.

10. ¿Cuál de los siguientes síntomas puede aparecer en un anciano con trastornos depresivos?

a) Sentimiento de tristeza y llanto fácil.
b) Disminución de la libido.
c) Disminución del aseo personal.
d) a y c son ciertas.
e) Todas son ciertas.

11. ¿Cuál de las siguientes características no es propia de la vida del anciano en el medio rural?

a) Más tiempo libre unido al trabajo.
b) Viviendas más grandes.
c) Jubilación progresiva.
d) Más contacto familiar.
e) Mayor soledad y aislamiento.

12. ¿Cuál de las siguientes opciones le parece necesaria para planificar los cuidados de un paciente en el que tratamos de prevenir el aislamiento social?

a) Adecuada conexión del anciano con los recursos socio-sanitarios del lugar.
b) Informar de otras posibles formas de convivencia al margen de la vida con su familia.
c) Fomentar una buena comunicación entre el equipo terapéutico.
d) a y b son ciertas.
e) Todas son ciertas.

13. ¿Cuál de las siguientes características no es propia de la vida del anciano en el medio urbano?

a) Tiempo libre estrictamente organizado.
b) Viviendas pequeñas y con acceso difícil.
c) Mayor relación social.
d) Jubilación radical.
e) Pensiones algo más altas que en el medio rural.

14. ¿Cuál de los siguientes síntomas no es propio de un anciano con trastornos depresivos?

a) Sentimiento de tristeza y llanto fácil.
b) Pérdida de peso y apetito.
c) Alteración del ritmo de sueño.
d) Disminución de actividades habituales.
e) Todas son propias de los trastornos depresivos.

15. ¿ Por qué se recomienda una vigilancia cercana de los ancianos que toman fármacos antidepresivos?

a) Para evitar que puedan tirar los comprimidos.
b) Para asegurarnos que toman la medicación en las horas prescritas.
c) Para prever posibles efectos secundarios.
d) a y c son ciertas.
e) Todas son ciertas.

16. ¿Cuál de las siguientes opciones no le parece necesaria para planificar los cuidados de un paciente en el que tratamos de prevenir el aislamiento social?

a) Adecuada conexión del anciano con los recursos socio-sanitarios del lugar.
b) Informar de otras posibles formas de convivencia al margen de la vida con su familia.
c) Fomentar una buena comunicación con el medio que le rodea.
d) Potenciar la autoestima.
e) Es necesario planificarlos todos.

17. ¿Cuál de las siguientes actividades le parece adecuada planificar para evitar el aislamiento social del anciano?

a) Excursiones.
b) Talleres ocupacionales.
c) Educación de adultos.
d) Todas las anteriores.

e) Ninguna de las anteriores, el anciano es un adulto que debe decidir en qué empleará su tiempo.

18. ¿Cómo se denomina al proceso por el cual los individuos interaccionan entre sí mediante símbolos que representan información, ideas, actitudes y emociones, con el fin de influirse mutuamente?

a) Empatía.
b) Comunicación.
c) Lenguaje.
d) Aproximación informacional.
e) Todas son ciertas.

19. ¿Cuál de los siguientes epígrafes no es verdadero, en referencia a la comunicación?

a) Es un conjunto de relaciones dinámicas que cambian continuamente.
b) Debe ser abordada como un proceso continuo.
c) Está constituida por elementos que podemos analizar de forma independiente.
d) Su estudio puede plantearse desde diferentes modelos teóricos complementarios entre sí.
e) Los elementos que la constituye se están influenciado mutuamente.

20. ¿Cuál de las siguientes teorías intenta explicar el fenómeno de la comunicación?

a) Teoría informacional.
b) Teoría estructural.
c) Teoría relacional.
d) A y c son ciertas.
e) Todas son ciertas.

21. ¿Cuál de las siguientes teorías sobre la comunicación defiende que el objetivo principal de ésta es influirnos mutuamente?

a) Teoría informacional.
b) Teoría estructural.
c) Teoría relacional.
d) Teoría interaccional.
e) Ninguna de las anteriores.

22. ¿Cuál de las siguientes teorías sobre la comunicación, postula como unidad de trabajo la situación social?

a) Teoría informacional.
b) Teoría estructural.

c) Teoría relacional.
d) Teoría interaccional.
e) Ninguna de las anteriores.

23. ¿Cuál de las siguientes teorías intenta explicar el fenómeno de la comunicación?

a) Teoría informacional.
b) Teoría interaccional
c) Teoría relacional.
d) a y b son ciertas.
e) Todas son ciertas.

24. ¿Cómo se denomina a la forma de comunicación con la que nos comunicamos con un método, diferente al lenguaje humano o sus derivados no sonoros?

a) Comunicación no verbal.
b) Comunicación verbal.
c) Comunicación retroalimentada.
d) Comunicación relacional.
e) b y d son ciertas.

25. ¿Cómo se denomina a la categoría de comunicación no verbal que utiliza los movimientos corporales para comunicarse?

a) Proxémica.
b) Paralenguaje.
c) Kinesia.
d) a y b son ciertas.
e) Ninguna es cierta

26. En una situación teórica en la que la comunicación verbal y no verbal sean contradictorias, ¿qué mensaje cree Vd. que prevalecerá?.

a) El transmitido mediante comunicación verbal.
b) El transmitido mediante comunicación no verbal.
c) Es imposible que se dé esta contradicción.
d) Depende del receptor.
e) A y d son ciertas.

27. ¿Cómo se denomina a la capacidad que tienen los individuos de percibir, entender y responder a los estímulos sociales en general, especialmente a aquellos que provienen del comportamiento de los demás?

a) Comunicación verbal.
b) Comunicación no verbal.

c) Habilidades sociales.
d) b y c son ciertas.
e) Todas son ciertas.

28. En referencia a las habilidades sociales es cierto que:

a) Son habilidades innatas.
b) Se forman a muy temprana edad y es inútil tratar de modificarlas en los individuos adultos.
c) Pueden modificarse mediante un adecuado entrenamiento.
d) a y b son ciertas.
e) Ninguna de las anteriores es correcta.

29. ¿Cuál de los siguientes epígrafes no coincidiría con un estilo de comunicación asertiva?

a) Mantener contacto ocular con el interlocutor.
b) Mantener una posición erguida del cuerpo.
c) Hablar de forma clara, audible y firme.
d) Hablar en tono agresivo.
e) Utilizar gestos y expresiones del rostro para dar más énfasis.

30. ¿Cómo se denomina a la técnica de comunicación que consiste en incitar a la crítica para obtener información que se podrá utilizar en nuestra argumentación?

a) Técnica del disco roto.
b) Técnica del acuerdo asertivo.
c) Técnica para procesar el cambio.
d) Técnica de la claudicación simulada.
e) Técnica de ignorar.

31. ¿Cómo se denomina a la técnica de comunicación que consiste en responder positivamente a la crítica hostil?

a) Técnica del disco roto.
b) Técnica del acuerdo asertivo.
c) Técnica de la ironía asertiva.
d) Técnica de la claudicación simulada.
e) Técnica de ignorar.

32. ¿Cuál de los siguientes roles no está descrito en el trabajo de un equipo sanitario multidisciplinar?

a) El informador.
b) El clarificador.

c) El negociador
d) El discrepante.
e) El activador.

33. ¿Cuál de las siguientes características no es propia de un equipo multidisciplinar que funciona con eficacia?

a) Los miembros se aceptan mutuamente y tienen una comunicación fluida.
b) Existe una incipiente competencia entre los miembros.
c) Son capaces de enfrentarse a sus conflictos y de resolverlos eficazmente.
d) Sus miembros se encuentran suficientemente motivados.
e) Todas las anteriores son correctas.

34. ¿Cuál de los siguientes epígrafes cree Vd. que puede influir en la desmotivación de un equipo de trabajo?

a) Preponderancia de la visión de uno de los profesionales por encima de la visión multidisciplinar del equipo.
b) Inmadurez de alguno de los miembros del equipo.
c) Mala comunicación.
d) Deficiente gestión de recursos humanos.
e) Todas son correctas.

35. La cinesiterapia no comprende:

a) Balnoterapia.
b) Movilización activa y pasiva.
c) Masoterapia.
d) Todas son correctas.

36. El objetivo preventivo de la rehabilitación por cinesiterapia es:

a) Intentar atenuar los efectos de la enfermedad.
b) La recuperación de la movilidad articular.
c) Emplear métodos pasivos de movilización.
d) Está encaminado a mantener el potencial de extensibilidad.

37. La CT no se clasifica en:

a) CTP.
b) CTH.
c) CTA.
d) CTF.

38. La cinesiterapia pasiva:

a) Incluye técnicas manuales o instrumentales, aplicando fuerzas internas.
b) Es el conjunto de técnicas manuales o instrumentales que buscan la movilidad de segmentos corporales, mediante fuerzas externas
c) Las fuerzas pueden ser la gravedad, las manos del terapeuta, una movilización autopasiva del paciente, etc.
d) Las opciones b y c son correctas.

39. Señala la respuesta correcta en relación con la CTP manual:

a) Se forzará la articulación hasta rebasar el arco articular.
b) Para una fisioterapia articular básica, se sostiene la articulación y se hacen movimientos lentos y rítmicos.
c) Cuando se receta fisioterapia articular completa, debe moverse cada articulación, debiéndose empezar por el tronco.
d) Todas son correctas.

40. La CTP se clasifica, según Silvo, en:

a) Manual, por acción de la gravedad y mecánica.
b) Manual, pasiva y activa.
c) Activa, pasiva y forzada.
d) Las opciones a y c son correctas.

41. La finalidad de la suspensoterapia es:

a) Proporcionar un movimiento pasivo continuo a las articulaciones, sobre todo en la rodilla.
b) Suprimir el efecto de la gravedad, de tal manera que con una mínima contracción muscular sea posible conseguir movilizar un miembro.
c) Se aplica a pacientes que presentan atrofia o parálisis de los grupos musculares proximales.
d) Todas son correctas.

42. Dentro de las medidas de precaución que deben seguir los hemipléjicos encontramos que:

a) No deberán transportar objetos calientes en los muslos.
b) Comprobarán la temperatura del agua antes del baño.
c) No usarán bolsas de agua caliente, ni se colocarán cerca de estufas.
d) Todas son correctas.

43. El método donde el paciente realiza el movimiento voluntariamente, ya sea ayudado, o con oposición de resistencia o libremente. se denomina:

a) CTA.
b) CTR.
c) CTP.
d) CTU.

44. La cinesiterapia activa resistida no se relaciona:

a) Potencia.
b) Trabajo.
c) Resistencia.
d) Volumen.

45. Las tracciones no están indicadas en:

a) Traumatismo espinal.
b) Alineación de los segmentos corporales.
c) Alivio del dolor.
d) Relajación muscular.

46. La manipulación es un movimiento forzado aplicado, directa o indirectamente, sobre una articulación o conjunto de articulaciones que lleva más allá de su juego normal, sin rebasar el límite anatómico. Siendo de gran utilidad en:

a) Inestabilidad ligamentosa cervical.
b) Embarazos.
c) Patología vertebral.
d) Patologías de rodilla.

47. Para el enyesado es necesario:

a) Malla tubular.
b) Ovata.
c) Vendas de yeso.
d) Todos son necesarios.

48. Deberemos tener precaución a la hora de enyesar:

a) Con no tener ningún contacto con objetos duros en las primeras horas a su realización.
b) De confeccionar el yeso con las puntas de los dedos.

c) Que estará seco a las 24 horas de su confección.
d) Todas son correctas.

49. No es una indicación de los enyesados:

a) Desinflamatorio y antiinfeccioso.
b) Anestésico.
c) Favorecedor de la cicatrización.
d) Preventivo de las deformidades.

50. Para la reducción de las fracturas de fémur en los niños pequeños se utiliza la tracción de:

a) Buck.
b) Rusell.
c) Bryant.
d) Halo.

51. Las patologías pediátricas más frecuentes en el uso de aparatos ortopédicos son:

a) Tortícolis.
b) Genu vago y genu valgo.
c) Enfermedad de Leg-Perthes.
d) Todas son correctas.

52. El genu valgo afecta:

a) A la articulación de la rodilla angulándola por su cara interna.
b) A la articulación de la rodilla angulándola por su cara externa.
c) A la cabeza del fémur angulándola por su cara interna.
d) A la cabeza del fémur angulándola por su cara externa.

53. Los tratamientos que incluyen el tortícolis son:

a) Órtesis.
b) Movilizaciones.
c) Tracciones.
d) Las opciones a y b son correctas.

54. No es un efecto del calor:

a) Vasoconstrictor.
b) Aumenta la extensibilidad del tejido colágeno.

c) Produce alivio del dolor.
d) Desinflamatorio.

55. Es una terapia por convección de calor:

a) Fluidoterapia.
b) Hidroterapia.
c) Aire húmedo.
d) Todas son correctas.

56. Las compresas calientes se renuevan cada:

a) 5-10 minutos.
b) 10-15 minutos.
c) 20-25 minutos.
d) Cada 30 minutos.

57. Para fines terapéuticos la parafina se emplea en un punto de fusión de:

a) 51,7- 54,5ºC.
b) 60,1-62,3ºC.
c) 37,5-40ºC.
d) 43,1- 44,5ºC.

58. La parafina no se utiliza en:

a) Manos.
b) Cara.
c) Brazos.
d) Pies.

59. Señala la opción no correcta en relación con el baño de contraste:

a) Se alterna agua caliente y fría.
b) El agua caliente debe oscilar entre 40,6º-43,3ºC.
c) El agua fría oscila entre 10-12ºC.
d) Se emplea para tratamiento de artritis reumatoide.

60. El microondas produce calor por almacenamiento continuado de energía; señala la opción correcta:

a) Calienta mucho la piel.
b) Calienta mucho el tejido adiposo.

c) Calienta el músculo.
d) Su poder de profundidad es de 1 a 2 cm.

61. La ENT:

a) Se usa en paciente con dolores intratables en la espalda.
b) Tiene una amplitud de pulsación ajustable a 500 Hz.
c) Se aplica por medio de lámparas.
d) Todas son correctas.

62. Con relación a la aplicación de radiación ultravioleta como terapia por calor:

a) Se aplica mediante electrodos.
b) Se aplica con lámparas de cuarzo caliente.
c) La dosis mínima de eritema de estas lámparas es de 15 minutos a 40 cm de la piel.
d) Las opciones a y c son correctas.

63. Cuando aplicamos frío como terapia, tenemos que saber que:

a) Las compresas frías estarán a una temperatura de –17ºC.
b) El hielo picado se aplica directamente envuelto en una toalla durante 15-20 minutos.
c) Los masajes con hielo tienen una duración de 5 a 7 minutos, sobre superficies reducidas.
d) Todas son correctas.

64. Dentro de la masoterapia incluimos:

a) Masaje superficial de Cyrias.
b) Drenaje linfático manual.
c) Masaje del tejido muscular.
d) Todas son correctas.

65. Si se sufre una lesión dorsal o lumbar la parálisis que se produce será:

a) Paraplejía.
b) Tetraplejía.
c) Hemiplejía.
d) Paramnesias.

Solución al test nº 10

1. b) Fase de remisión.

2. a) Enfermedad de Crohn.

3. b) Capacidades psíquicas.

4. e) Todas son ciertas.

5. c) Jubilación radical.

6. e) Todas son ciertas.

7. c) En torno a un 15%.

8. d) a y c son ciertas.

9. b) Prever formas rápidas de hospitalización.

10. e) Todas son ciertas.

11. e) Mayor soledad y aislamiento.

12. e) Todas son ciertas.

13. c) Mayor relación social.

14. e) Todas son propias de los trastornos depresivos.

15. e) Todas son ciertas.

16. e) Es necesario planificarlos todos.

17. d) Todas las anteriores.

18. b) Comunicación.

19. c) Está constituida por elementos que podemos analizar de forma independiente.

20. d) A y c son ciertas.

21. d) Teoría interaccional.

22. c) Teoría relacional.

23. e) Todas son ciertas.

24. a) Comunicación no verbal.

25. c) Kinesia.

26. b) El transmitido mediante comunicación no verbal.

27. c) Habilidades sociales.

28. c) Pueden modificarse mediante un adecuado entrenamiento.

29. d) Hablar en tono agresivo.

30. b) Técnica del acuerdo asertivo.

31. c) Técnica de la ironía asertiva.

32. c) El negociador

33. b) Existe una incipiente competencia entre los miembros.

34. e) Todas son correctas.

35. a) Balnoterapia.

36. d) Está encaminado a mantener el potencial de extensibilidad.

37. b) CTH.

38. d) Las opciones b y c son correctas.

39. b) Para una fisioterapia articular básica, se sostiene la articulación y se hacen movimientos lentos y rítmicos.

40. a) Manual, por acción de la gravedad y mecánica.

41. b) Suprimir el efecto de la gravedad, de tal manera que con una mínima contracción muscular sea posible conseguir movilizar un miembro.

42. d) Todas son correctas.

43. a) CTA.

44. b) Trabajo.

45. a) Traumatismo espinal.

46. c) Patología vertebral.

47. d) Todos son necesarios.

48. a) Con no tener ningún contacto con objetos duros en las primeras horas a su realización.

49. b) Anestésico.

50. c) Bryant.

51. d) Todas son correctas.

52. a) A la articulación de la rodilla angulándola por su cara interna.

53. d) Las opciones a y b son correctas.

54. a) Vasoconstrictor.

55. d) Todas son correctas.

56. b) 10-15 minutos.

57. a) 51,7- 54,5ºC.

58. b) Cara.

59. c) El agua fría oscila entre 10-12ºC.

60. c) Calienta el músculo.

61. a) Se usa en paciente con dolores intratables en la espalda.

62. b) Se aplica con lámparas de cuarzo caliente.

63. d) Todas son correctas.

64. b) Drenaje linfático manual.

65. a) Paraplejía.